지구촌 경제
꼬리에 꼬리를 물어요

생각학교 초등 경제 교과서 **⑤권 지구촌 경제** 개정판

초판 1쇄 발행 2011년 1월 10일
개정판 1쇄 발행 2021년 11월 10일
개정판 3쇄 발행 2024년 10월 8일

지은이 김상규
발행인 박효상
편집장 김현
기획·편집 장경희, 이한경
디자인 임정현
표지·본문 디자인·조판 허은정
마케팅 이태호 이전희
관리 김태옥

종이 월드페이퍼 **인쇄·제본** 예림인쇄·바인딩 | **출판등록** 제10-1835호
펴낸 곳 사람in | **주소** 04034 서울시 마포구 양화로11길 14-10(서교동) 3F
전화 02) 338-3555(代) **팩스** 02) 338-3545 | **E-mail** saramin@netsgo.com
Website www.saramin.com

책값은 뒤표지에 있습니다.
파본은 바꾸어 드립니다.

ⓒ 김상규 2021

ISBN 978-89-6049-918-8 74320
       978-89-6049-914-0 (set)

어린이제품안전특별법에 의한 제품표시	
제조자명 사람in	**전화번호** 02-338-3555
제조국명 대한민국	**주 소** 서울시 마포구 양화로
사용연령 5세 이상 어린이 제품	11길 14-10 3층

생각학교
초등 경제 교과서

김상규 교수(경제학 박사) 글

지구촌 경제 꼬리에 꼬리를 물어요

사람in

일러두기   생각학교 초등 경제 교과서는?

❶ 「생각학교 초등 경제 교과서」는?
기획한 의도가 무엇인지를 보여 준다.

❷ 저자의 글
저자가 어떤 생각을 가지고 이 한 권의 책 속에 경제 이야기를 풀어냈는지 보여 준다.

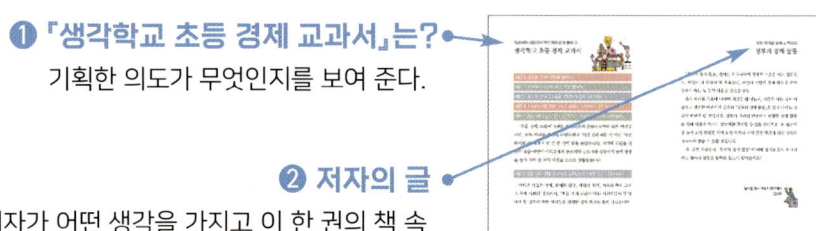

❸ 주제 소개
이 장에서 어떤 내용을 배울지, 이 주제는 우리 생활에서 어떤 부분과 관련이 있는지 잠깐 생각할 시간을 갖게 한다.

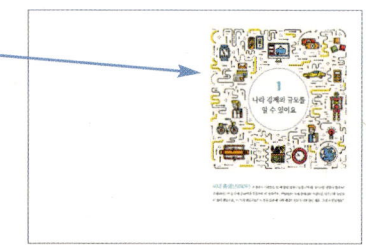

❹ 경제 동화
우리 생활 속에서 있을 법한 경제 관련 이야기들을 동화로 구성했다. 그림 동화로 흥미를 유발하여 학습 동기를 갖게 한다.

❺ 경제 이야기
동화 속에는 어떤 경제이야기가 담겼는지 풀어주면서, 각 장에서 다루려는 주제를 짚어 준다.

❻ 그래프
필요한 경우 그래프를 이용해 교과서나 신문 속에서 경제를 읽어내는 법을 배운다.

❼ 세상 속으로

신문, 방송, 일상 생활 속에서 접하는 이야기들 중에 각 주제와 연결된 경제 이야기를 풀어낸다. 시사, 역사, 지리, 윤리적인 문제까지 함께 다루도록 했다.

❽ 사진

눈으로 확인 할 수 있는 다양한 사진을 활용했다.

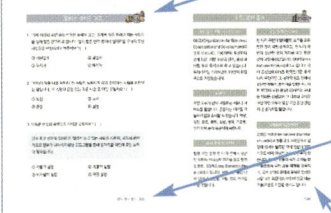

❾ 경제가 보이는 퀴즈

본문에서 다룬 주제를 다시 한 번 정리해 볼 수 있도록 구성했다.

❿ 정답

퀴즈의 정답은 뒤집어 표기했다.

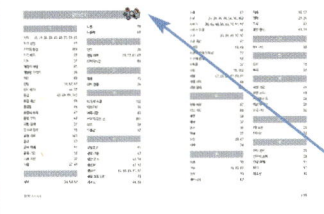

⓫ 쏙쏙! 경제 용어

본문에서 다룬 주제들 중 중요한 경제 용어들을 다시 한번 정리했다.

⓬ 찾아보기

알고 싶은 주제들을 빨리 찾아볼 수 있도록 해당 용어가 나오는 페이지를 표시하였다.

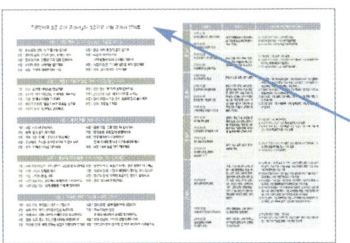

⓭ 관련 교과 연계표

권에서 다룬 주제들이 교과서와 어떻게 연계되는지 해당 학년과 단원을 제시하였다.

차례 생각학교 초등 경제 교과서 5권

1. 자유롭게 서로 사고팔아요
   자유 무역 ---------------------------- 11

2. 자기 나라의 산업을 보호해요
   보호 무역 ---------------------------- 21

3. 다른 나라와 거래해 돈을 주고받아요
   국제 수지 ---------------------------- 33

4. 외국 돈과 우리 돈을 바꾸는 비율이에요
   환율 ---------------------------- 43

5. 세계 경제는 밀접히 연관되어 있어요
   지구촌 경제 ---------------------------- 53

6. 함께 힘을 모아 경쟁해요
   경제 통합 ---------- **63**

7. 환경을 생각하며 경제를 발전시켜요
   지속 가능한 성장 ---------- **73**

8. 지구가 점점 따뜻해져요
   지구 온난화 ---------- **85**

9. 인터넷 세상에서 사고팔아요
   인터넷과 전자 상거래 ---------- **95**

쏙쏙! 경제 용어 ---------- **105**

찾아보기 ---------- **108**

『생각학교 초등 경제 교과서』와 초등학교 사회 교과서 연계표 ---------- **110**

개념부터 배경지식까지 재미있게 풀어 쓴
생각학교 초등 경제 교과서

> 미션 1 생생한 경제 현장을 담아라!

> 미션 2 알짜배기 경제지식을 쏙쏙 뽑아라!

> 미션 3 뉴스 속 경제 용어들을 이해하기 쉽게 정리하라!

> 미션 4 가계와 기업, 정부 그리고 세계의 경제까지 모두 파헤쳐라!

> 미션 5 우리 어린이들이 살아 갈 무대인 미래의 경제까지 예측하라!

『생각학교 초등 경제 교과서』 5권을 기획하면서 출판사로부터 받은 미션입니다. 모든 미션을 충실히 수행하려고 '미션 임파서블'이 아닌 '미션 파서블'을 외치며 한 권 한 권에 힘을 쏟았습니다. 여기에 집필을 하면서 요즘 어린이 여러분에게 중요해진 글쓰기와 생각하기 능력 향상을 돕기 위해 한 가지 미션을 스스로 덧붙였습니다.

> 미션 6 동화·역사·생활 속 사례로 응용력과 창의력을 기를 수 있게 하라!

가계와 기업의 경제, 화폐와 금융, 세금과 무역, 저축과 투자 그리고 국제 사회의 경제까지.『생각학교 초등 경제 교과서』에는 어린이들이 꼭 알아야 할 경제에 대한 지식들을 생생한 경제 현장과 함께 담았습니다.

꼬리에 꼬리를 물어요
지구촌 경제

　『지구촌 경제』편에는 전 세계가 어떻게 서로 꼬리에 꼬리를 물고 경제 활동을 펼쳐 가고 있는지를 다루었습니다. 제목 그대로 이제 한 마을을 이루어 살아가는 세계가 경제 관계를 맺고 물건이나 서비스를 주고받는 모습을 소개하고 있습니다.

　이미 우리 생활 속에는 먹을거리, 학용품, 전자 제품, 자동차 등 전 세계 곳곳에서 온 다양한 물건들이 가득 차 있습니다. 『지구촌 경제』편을 읽고 나면, 나라끼리 물건을 사고파는 무역, 자기 나라 산업을 보호하려는 국가의 노력, 또 함께 지구를 보호하며 잘살기 위한 세계 여러 나라들의 노력을 이해할 수 있게 될 것입니다.

　그럼 지금부터 꼬리에 꼬리를 문 '지구촌 경제'를 통해 어떻게 우리나라 경제를 성장시키고, 세계와 경쟁할 것인지에 대해 생각해 보도록 할까요?

달구벌 대구교육대학교에서
김상규

1
자유롭게 서로 사고팔아요

자유 무역 우리가 먹는 바나나는 대부분 열대 지방에서 온 것들이에요. 반대로 우리나라에서 나는 과일과 물건을 다른 나라 사람들도 먹고 쓰고 있어요. 특히 우리나라의 자동차는 미국과 유럽에서 인기랍니다. 이렇게 우리는 다른 나라와 서로 필요한 것을 나누며 살고 있어요. 지금부터 자유롭게 물건을 사 오고, 내다 파는 자유 무역에 대해 살펴보기로 해요.

직녀 나라와 견우 나라의 거래

옛날 어느 나라에 직녀라는 마음씨가 비단결 같고, 얼굴도 예쁜 공주가 살았습니다. 직녀는 베 짜는 솜씨도 무척 뛰어났어요.

어느 봄날 직녀는 꽃구경을 나섰다가 양과 소 떼를 몰고 가는 목동 견우를 보고는 첫눈에 반해 버렸어요. 속앓이를 하던 직녀는 시름시름 앓기까지 했답니다.

"얘가 왜 이럴까? 봄나들이를 다녀오고부터 갑자기……."

좀처럼 말문을 열지 않던 직녀는 걱정하는 임금님과 왕비에게 사실대로 이야기를 했습니다. 이야기를 들은 두 사람은 공주와 목동의 결혼을 흔쾌히 승낙했답니다. 단 한 가지 조건이 있었어요.

"너희들의 결혼을 허락하마. 그런데 서로 맡은 일을 게을리해서는 절대로 안 된다. 알겠느냐?"

하지만 결혼 후 얼마 되지 않아 견우와 직녀는 점점 게을러졌어요. 직녀는 베를 짜지 않는 날이 늘었고, 견우도 소와 양은 돌보지 않고 둘이 같이 놀러 다니는 날이 많아졌지요. 몇 번 주의를 주었지만 둘은 더 게을러졌고, 결국 임금님은 크게 화를 냈습니다.

"여봐라, 견우와 직녀를 멀리 귀양 보내 서로 떨어져서 지내도록 하라!"

그래서 견우는 은하 강의 동쪽, 직녀는 은하 강의 서쪽으로 가 서로 멀리 떨어져 지내게 되었습니다. 두 사람은 일 년에 한 번씩 까마귀와 까치가 머리로 다리를 놓아 줄 때만 만날 수 있었습니다.

두 사람은 서로 맡은 일을 충실히 하면 다시 만나게 될 거라 믿고 열심히 일했습니다. 견우는 그를 따르는 무리들과 함께 낙농업을 크게 일으켜 육질 좋은 고기와 맛있는 우유를 배불리 먹고, 소가죽과

양털로는 옷을 만들어 입었지요. 옷이 너무나 따뜻해 겨울에도 걱정 없었지만 여름에는 너무 더워 문제였어요.

한편 은하 강 서쪽의 직녀는 시원한 옷감을 만드는 직조업을 발전시켰어요. 누에를 치고 삼을 정성껏 재배하여 무더운 여름에도 시원하게 지낼 수 있는 옷감을 짰어요. 바람이 잘 통하는 아주 시원한 삼베옷, 모시옷 같은 것들이었지요. 하지만 겨울에는 혹독한 추위를 견뎌야 했습니다.

직녀와 견우는 생각 끝에 자신들이 만드는 물건을 서로 교환하기로 했어요. 물품을 거래하는 장소는 오작교로 정했지요.

"가죽을 직녀 나라에 팔아서 큰돈을 벌 수 있게 됐어! 직녀 나라 덕분에 여름에는 시원한 옷을 입을 수 있게 되었고 말이야."

"겨울을 따뜻하게 해 줄 가죽옷과 털옷을 샀어. 이게 다 견우 나라와 직녀 나라의 거래 덕분이야."

오작교에서 두 나라 사람들의 거래가 활발하게 이루어졌어요. 사람들은 자신들이 더 잘 만드는 물건을 내다 팔고, 부족한 물건은 상대 나라에서 사들여서 사용했어요. 그리하여 두 나라 사람들은 더욱더 편리한 생활을 하게 되었고 이익도 훨씬 많아졌답니다.

| 경제 이야기 | 자유 무역이란?

　사람들은 자신에게 풍부한 물건은 다른 사람에게 주고 부족한 물건은 다른 사람들의 도움을 받으며 생활합니다. 나라끼리도 그렇습니다. 내가 잘하는 일에 시간과 노력을 집중해서 더 많은 상품을 만들어 팔고, 부족한 것은 상대 나라로부터 도움을 받지요. 그렇게 하면 두 나라 모두 생활이 편리해지고 경제적 여유도 생기게 되니까요. 견우 나라와 직녀 나라처럼 말이에요.
　이처럼 나라끼리 자신들의 이익과 필요에 따라 상품이나 서비스를 활발히 거래하는 것을 '자유 무역'이라고 해요. 기업이 다른 나라에 물건을 팔고 사는 일을 나라에서 간섭하지 않고 자유에 맡기는 것이지요.
　자유로운 경쟁 아래에서는 국제 분업이 생기고, 국제 분업은 경제 성장을 이끌어 냅니다. 자유 무역은 수출을 늘리는 산업을 발전시키지요. 이에 따라 새로운 일자리가 생기고, 생산 기술을 빠르게 퍼뜨려 무역을 하는 두 나라 모두에게 좋은 영향을 미칩니다.

지구촌 시대에 무역은 필수예요. 어떤 나라도 완전히 다른 나라와 벽을 쌓고 살아갈 수 없어요. 미국 같은 나라는 자원의 종류와 양이 많지만, 그렇다고 그 자원들로 필요한 모든 물건을 만들어 내지는 못하니까요.

무역은 거래를 하는 나라 모두에게 이익을 주어요. 어떤 물건의 가치가 작다고 생각하는 사람들한테서 그 물건의 가치가 크다고 생각하는 사람들에게로 물건을 이동시켜 주니 서로에게 이익이 되지요.

또한 무역은 각자 최선을 다하여 어떤 물건을 생산하게 만들어요.

자유 무역의 고향은?

자유 무역이 태어난 곳은 영국입니다. 영국은 산업 혁명을 통해 역사상 처음으로 공업화를 일으키고, 19세기에 '세계의 공장'이 되었어요. 당시 영국은 경쟁하는 나라가 없어 자기 나라 산업을 따로 보호할 필요가 없었어요. 그래서 무역 활동을 통제하는 것은 경제 발전을 방해하는 거라고 생각했지요. 시장에서 자유롭게 경쟁하고 나라끼리도 자유롭게 무역하자는 영국의 생각은 빠르게 전 세계로 퍼져 나갔습니다.

무역이 각자 자신에게 가장 유리한 상품을 만드는 일, 즉 '특화'를 하도록 만들기 때문이지요. 우리나라가 자동차나 전자 제품을 중국에 팔면, 중국은 직접 그 물건들을 만들어 사용할 때보다 더 나은 품질의 제품을 사용할 수 있게 돼요. 그 대신에 자기들이 잘 만들 수 있는 옷, 신발, 농산물 등을 특화하여 우리나라에 내다 팔지요. 그러면 한국과 중국 두 나라는 모두 이익을 얻게 돼요. 각 나라에서 특화한 제품의 품질은 더욱 우수해지고, 일하는 사람들의 전문성도 높아진답니다.

이렇게 무역이 특화를 통하여 더 많은 양의 재화와 서비스를 생산하도록 하고, 그 일을 하는 사람들에게 시간과 자원을 생산적으로 사용할 수 있게 해 주는 것을 '비교 우위의 원리'라고 불러요. 이 원리는 개인과 개인, 기업과 기업, 지역과 지역, 국가와 국가들 사이에 공통적으로 적용되고, 각 주체들에게 큰 이익을 주지요.

우리나라는 자유 무역을 추구하며 다른 나라와 무역을 하고 있어요. 우리는 자원이 많지 않기 때문에, 다른 나라에서 원자재를 수입하여 가공하고 그것으로 다시 물건을 만들어 수출하는 가공 무역이 발달했지요. 반도체, 자동차, 석유제품, 디스플레이, 합성수지, 선박 등이 우리나라의 대표적인 수출품이에요. 또 중국, 미국, 일본, 사우디아라비아 등 세계의 여러 나라에서 많은 양의 자원을 수입하고 있지요. 이런 무역과 관련해 만들어진 국제 기구로는 세계 무역 기구(WTO), 세계 공정 무역 기구(WFTO) 등이 있습니다.

세상 속으로 신라 시대 무역을 이끌었던 장보고

통일 신라 시대 장군 장보고는 '해상왕'이란 이름으로 우리에게 더 잘 알려져 있어요. 장보고는 청해(지금의 완도)의 진을 담당하는 대사가 되어 노략질을 일삼는 해적들을 완전히 물리쳤어요. 흥덕왕 때(828년)의 일이었지요.

해적을 소탕한 장보고에게는 고민이 하나 생겼습니다. 장보고는 어떻게 하면 청해 일대 주민들을 더 잘살게 할 수 있을까 늘 궁리했어요. 고민 끝에 장보고는 당나라와 우리나라가 만드는 물건들이 다르다는 사실을 떠올렸어요. 그래서 우리나라에서 많이 생산되는 물건을 당나라에 팔고, 부족한 물건들은 당나라에서 들여오기로 했어요.

당시 우리나라에서는 금속 공예품, 은과 동으로 만든 제품·견직물·약재 등이 많이 생산되었지만, 비단·도자기·책·차 등의 물자는 거의 생산되지 않았어요. 장보고는 우리나라에서 생산하던 물건들을 더 많이 생산하도록 지시했어요. 그리고 그 물건들을 한데 모아 당나라에 가서 비싼 값을 받고 팔았어요. 그렇게 번 돈으로는 다시 당나라에서 많이 생산되는 물건들을 될 수 있는 한 싸게 사들여 왔지요.

무역을 통해 얻은 이득으로 청해 사람들의 생활은 더욱 편리하고 풍족해졌어요. 장보고는 일본과도 무역을 시작했어요. 일본에서 많이 생산되는 물건을 싸게 사들이고, 일본에 없는 물건을 신라에서 생산해 비싼 값으로 팔았지요. 장보고의 활발한 무역 활동으로 우리나라와 중국, 일본 모두가 큰 이익을 얻고 편리한 생활을 누리게 되었습니다. 서로 잘살게 되니 사이도 좋아졌고, 노략질도 없어졌답니다.

경제가 보이는 퀴즈

1. 나라끼리 자신들의 이익과 필요에 따라 상품이나 서비스의 거래 활동을 활발하게 하는 것을 무엇이라고 할까요? ( )

   ① 물물 교환
   ② 보호 무역
   ③ 구상 무역
   ④ 자유 무역

2. 우리나라는 우리에게 유리한 자동차나 전자 제품을 중국에 팔고, 중국은 자신들에게 유리한 옷, 신발, 농산물을 생산하여 우리나라에 팔아, 두 나라 모두 이익을 얻습니다. 이것을 무엇이라고 할까요? ( )

   ① 기술 진보   ② 특화
   ③ 자동화   ④ 근대화

3. 무역이 특화를 통하여 더 많은 양의 재화와 서비스를 생산하도록 하고, 그것에 종사하는 사람들에게 시간과 자원을 생산적으로 사용할 수 있게 해 주는 것을 무엇이라고 할까요? ( )

   ① 비교 우위의 원리   ② 교환의 원리
   ③ 생산의 원리   ④ 소비의 원리

정답 1.④ 2.② 3.①

2
자기 나라의 산업을 보호해요

보호 무역 우리는 앞 장에서 나라끼리 자유롭게 물건을 사고파는 '자유 무역'에 대해 살펴보았어요. 하지만 실제로는 많은 나라가 자기 나라 산업을 보호하고 적자를 막기 위해 무역을 통제하기도 합니다. 중국에서 신발이 싸게 대량으로 수입되면 우리나라에서 신발을 만들던 사람들은 일자리를 잃을 수도 있으니까요. 각 나라들이 어떤 방법으로 자기 나라 산업을 보호하는지 알아볼까요?

아기 오리들이 위험해요

　무더운 여름, 엄마 오리가 풀밭에서 알을 품고 있었어요. 얼마 후 알에서 아기 오리들이 깨어났어요. 엄마 오리는 아기 오리들이 너무나 사랑스러웠어요. 그런데 한참이 지나도 깨어나지 않는 알 하나가 있었어요.

　"얘야, 그 안에서 뭐 하니? 어서 밖으로 나오너라."

　"톡! 톡톡!"

　마침내 알이 깨지고 정말 예쁜 아기 오리 한 마리가 깨어났어요. 엄마 오리는 아기 오리들을 데리고 냇가로 갔어요.

　"자, 마을로 갈 거야. 물이 졸졸 흐르는 냇가도 있단다."

　아기 오리들은 꽥꽥거리며 엄마 뒤를 따라갔어요. 마을에 도착한 아기 오리들은 깜짝 놀랐어요. 그곳에는 다른 많은 오리와 닭들이 함께 어울려 지내고 있었거든요. 호기심이 강한 아기 오리들은 이리저리 흩어져 놀았어요. 숲 속에도 들어가고, 길거리에서도 뛰어 다니고…….

그때 갑자기 숲 속에서 뱀 한 마리가 나타났어요.
"안 돼! 우리 아기 오리들이 노는 곳에 오면 안 돼! 꽥꽥, 꽥꽥!"
엄마 오리의 꽥꽥 소리에 놀란 뱀은 스르르 모습을 감추었어요.

이번에는 길거리에 어린아이가 자전거를 타고 나타났어요. 어미 오리는 또 "꽥꽥, 꽥꽥!" 하고 소리쳤어요. 그 소리를 듣고 어린아이가 자전거를 멈추었어요. 엄마 오리가 아기 오리들을 구해 낸 것이지요. 아기 오리들은 무럭무럭 자랐어요. 몸집도 엄마만큼이나 커졌고 먹이도 스스로 챙길 줄 알게 되었어요. 아기 오리들은 위험에 대처하는 법도 충분히 배웠어요. 아기 오리들이 위험에 처했을 때 엄마 오리가 보여 주었던 행동을 보고 자라서인지 모두들 용감해졌답니다. 다른 아기 오리들이 숲 속으로 들어가면 말리기도 했어요.

어른 오리로 자란 새끼 오리들을 보면서 엄마 오리가 말했어요.
"어느새 우리 귀여운 새끼 오리들이 이렇게 자랐구나. 먹이도 스스로 구하고 몸집도 제법 커졌어. 다른 오리들에게 위험하다고 충고할 줄도 알고. 이제부터 혼자서도 살아갈 수 있겠구나."
엄마 오리는 이렇게 말하며 흐뭇한 표정을 지었어요.

경제 이야기 보호 무역을 하는 이유는?

　아기 오리들은 엄마 품에서 혼자서도 살아갈 수 있는 방법을 하나씩 배워 나갑니다. 아기 오리들에게 엄마 오리는 항상 든든한 힘이 되어 주지요. "팔이 안으로 굽는다"는 말이 있듯이, 누구나 자기 자신을 보호하려는 본능이 있어요. 우리 몸도 마찬가지지요. 바람에 먼지가 흩날리면 자기도 모르게 눈을 감고, 위험한 물체가 다가오면 순간적으로 몸을 피하지요.

　경제 역시 '나'를 중심으로 이루어져요. 나와 내 가계, 내 기업을 살찌우기 위해 노력하지요. 국제 사회도 마찬가지예요. 힘이 약한 나라의 기업이 기술과 자본력이 앞선 선진국의 기업들과 맞대결을 하면 피해를 보는 쪽은 뻔하지요. 그래서 정부는 자기 나라 산업이 다른 나라 산업과 경쟁할 수 있도록 여러 가지 보호 정책을 씁니다. 이를 '보호 무역'이라고 하지요.

　경제 전쟁, 무역 전쟁이 곳곳에서 벌어지는 요즈음, 각 나라들은 치열한 생존 전쟁에서 살아남기 위해 여러 가지 노력을 합니다. '무역 장벽'도 그런 노력들 중 하나이지요. 무역 장벽은 나라 사이에 무역을 할 때 어떤 제한이나 한계를 정해 둠으로써 자기 나라의 산업과 재정을 보호하려는 여러 조치들을 말해요. 무역 장벽의 종류는 다양하지만 크게 '관세 장벽'과 '비관세 장벽'으로 나눌 수 있어요.

첫째, 관세 장벽은 수입되는 물건에 세금을 부과해 국내에 쉽게 들어오지 못하도록 방해하는 것이에요. 관세 장벽은 다시 '재정 관세'와 '보호 관세'로 나눌 수 있어요. 둘 다 수입되는 물품에 대해 세금을 부과하는 것인데요, 그 목적이 다르답니다. 재정 관세는 정부가 재정 수입을 올리기 위해 수입 물품에 세금을 부과하고, 보호 관세는 외국의 경쟁 산업으로부터 자기 나라 산업을 보호하기 위해 세금을 매기는 거예요. 수입 상품에 세금이 붙으면 상품 가격이 올라가게 되니, 경쟁하는 국내 산업을 보호할 수 있지요. 예를 들어, 우리나라가 다른 나라에서 만들어진 자동차에 보호 관세를 부과하면, 외제 자동차의 가격은 훨씬 비싸질 겁니다. 그러면 우리나라 사람들은 덜 비싼 우리나라에서 만든 자동차를 사려고 하겠지요.

둘째, 비관세 장벽이 있어요. 이는 관세를 제외한 모든 인위적인 규제를 가리키는 말로 기술 규제, 환경 규제, 통관 절차를 복잡하게 하는 경우 등을 말해요. 또 사전에 수입 물품의 수량과 금액을 정해 놓고 그 범위 안에서만 수입을 하게 하는 '수입 할당제(쿼터제)'도 있지요. 이 제도는 수입하는 물건의 숫자를 줄이기 위해 어떤 나라에 들어가는 특정 상품의 숫자를 제한하는 거예요. 예를 들어, 미국이 중국에서 만들어진 스마트 폰에 대해 수입 할당제를 취하면 어떻게 될까요? 할당량이 적게 정해진다면 미국에 팔 수 있는 중국의 스마트 폰 수는 줄어들 거예요. 그 결과 미국은 자기 나라 스마트 폰 생산자들이 가격과 상관없이 물건을 더 많이 팔 수 있게 허용해 준 셈이 되지요.

이 외에 특정한 물품의 수출을 늘리기 위해 정부에서 돈을 지원하는 '수출 장려금 제도', 일정 기간 동안 자기 나라의 영화를 의무적으로 상영하도록 하는 '국산 영화 의무 상영 제도(스크린 쿼터제)'도 비관세

관세 더 알아보기

재정 관세와 보호 관세 이외에도 여러 가지 관세가 더 있답니다.

상계 관세 수출국이 수출 산업에 지원하는 수출 장려금 또는 수출 보조금을 과도하게 지원하여 수출품의 가격이 지나치게 싸질 경우, 수입하는 나라에서 부과하게 되는 관세

보복 관세 상대국이 자기 나라 수출품에 높은 관세를 매길 경우, 이를 복수하기 위해 상대국 수출품에 높게 세금을 매기는 관세

긴급 관세 특정 상품이 너무 빠른 속도로 수입되어 자기 나라의 산업에 피해가 매우 클 경우 이를 보호하기 위해 입법 절차 없이 행정부의 권한으로 시행하는 관세

반덤핑 관세 원가 이하로 수출하는 수출국의 수출품에 부과하는 관세

장벽의 예입니다. '수출 금지 조치'라는 것도 있는데, 이는 어떤 나라가 다른 나라와의 모든 무역 거래를 중단하도록 하는 조치예요. 보통 수출 금지 조치를 하게 되는 경우는 경제적인 이유보다 정치적인 이유가 더 많아요. 북한이 핵 실험을 강행하자 미국이 자기 나라는 물론 일본, 유럽, 한국 등 다른 나라들도 북한과의 무역을 중단하도록 요구한 것이 그 예이지요.

이러한 무역 장벽은 후진국의 경우에는 선진국에 비해 불리한 위치에 있는 자기 나라 산업을 보호하기 위해 시행하고, 선진국의 경우에는 관련된 산업과 그 산업에 종사하는 노동자를 보호하기 위해 선택해요. 하지만 보호를 받은 산업이 힘을 갖게 된 후에는 자유 경쟁의 원칙에 따르는 것이 중요해요. 보호 무역이라고 해서 내 것은 무조건 보호하는 게 아니라, 그 바탕에는 자유주의가 깔려 있는 것임을 명심할 필요가 있습니다.

세상 속으로 　미국과 중국의 관세 전쟁

전 세계에서는 무역을 둘러싸고 소리 없는 전쟁이 곳곳에서 일어나고 있어요. 무역으로 얻는 경제 이익이 각 나라 경제에 큰 영향을 미치기 때문이지요. 나라와 나라 사이의 무역 분쟁은 꼬리에 꼬리를 물고 이어지기 마련이에요. 다른 나라가 자기 나라에 안 좋은 일을 했다면, 잊지 않고 복수한다는 생각을 모두들 가지고 있어서랍니다.

미국과 중국 사이에서 벌어지고 있는 무역 갈등이 좋은 예이지요. 이들의 소리 없는 전쟁 이야기, 한번 살펴볼까요?

미·중 간 무역전쟁의 가장 큰 이유는 세계 최대 무역수지 적자국인 미국이 미국의 달러를 더 이상 도둑질하게 두지 않겠다며 무역수지 적자를 없애기 위해 자국우선주의와 보호무역을 주장한 데서 비롯됐어요. 미국은 2018년엔 무역수지 적자 금액이 역대 최대인 8913억 달러(한국 돈 약 1069조원)에 달하며 적자의 폭이 점점 확대되고 있는 상황이었어요. 무역수지 개선을 공약으로 내세운 트럼프 대통령은 미국의 전체 무역수지 적자액 중 절반가량을 차지하고 있는 중국에 강력한 제재를 가한 것이지요. 트럼프 대통령은 중국에 고율관세 부과를 허용하는 행정명령에 서명했고, 2018년 7월엔 상호간 340억 달러 규모의 수입품에 25% 관세를 부과하며 무역 전쟁이 시작된 것입니다. 미국과 중국 사이의 무역전쟁은 패권전쟁으로 확산되면서 전체적으로 4개 부분에 걸쳐 진행되고 있어요. 그 내용은 무역전쟁으로 불거진 경제문제가 첫째이고, 기술부분의 문제가 둘째이며, 셋째는 에너지 문제이고, 넷째는 군사부분이에요.

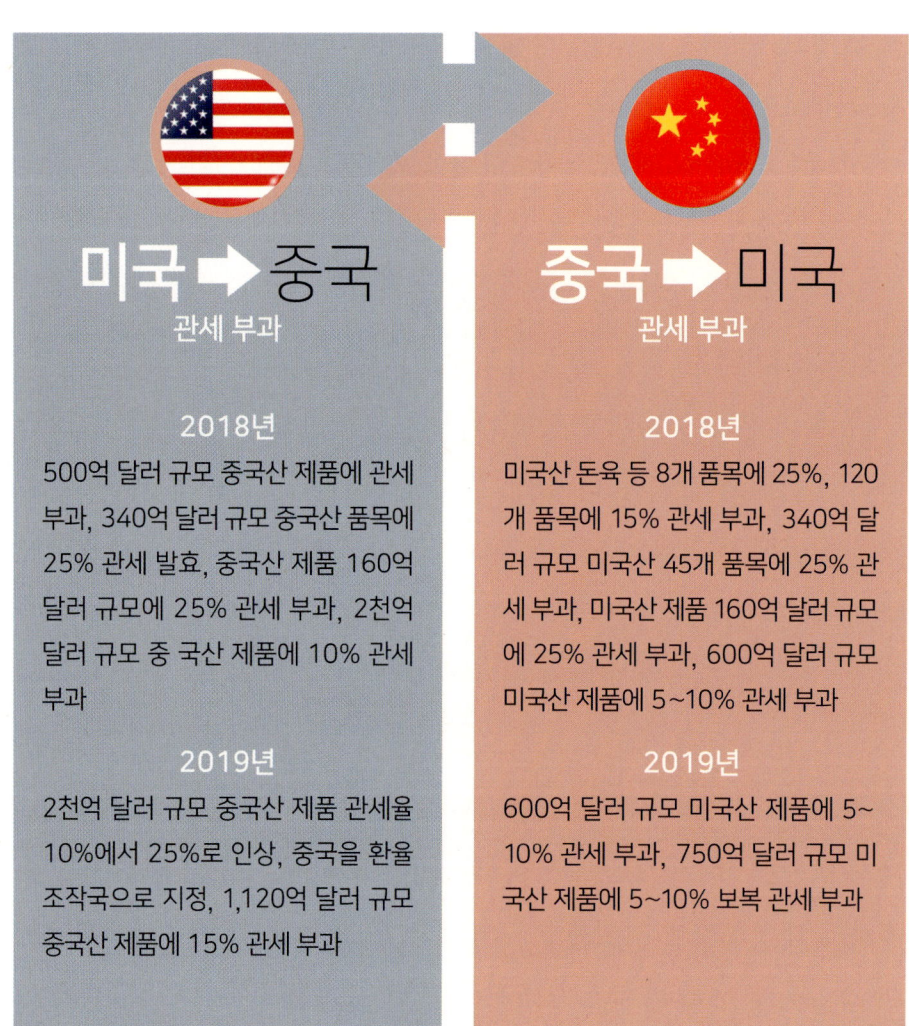

미국 ➡ 중국
관세 부과

2018년
500억 달러 규모 중국산 제품에 관세 부과, 340억 달러 규모 중국산 품목에 25% 관세 발효, 중국산 제품 160억 달러 규모에 25% 관세 부과, 2천억 달러 규모 중 국산 제품에 10% 관세 부과

2019년
2천억 달러 규모 중국산 제품 관세율 10%에서 25%로 인상, 중국을 환율조작국으로 지정, 1,120억 달러 규모 중국산 제품에 15% 관세 부과

중국 ➡ 미국
관세 부과

2018년
미국산 돈육 등 8개 품목에 25%, 120개 품목에 15% 관세 부과, 340억 달러 규모 미국산 45개 품목에 25% 관세 부과, 미국산 제품 160억 달러 규모에 25% 관세 부과, 600억 달러 규모 미국산 제품에 5~10% 관세 부과

2019년
600억 달러 규모 미국산 제품에 5~10% 관세 부과, 750억 달러 규모 미국산 제품에 5~10% 보복 관세 부과

우리나라도 "강 건너 불구경"만 할 일이 아니에요. 각 나라의 보호 무역이 확산되면 우리나라에서 생산된 제품들의 수출 장벽이 높아져 우리 경제에 치명적인 영향을 끼칠 수 있기 때문이지요. 우리나라는 수출로 얻는 경제 이익의 비중이 매우 큰 만큼 다른 나라의 보호 무역주의에 대응할 수 있는 방법들을 더 많이 고민해야 해요.

북미 자유 무역 협정(NAFTA)

1994년 1월에 발효된 북미 자유 무역 협정(North American Free Trade Agreement), 즉 '나프타(NAFTA)'는 유럽, 아시아의 여러 나라에 대항하기 위해 미국, 캐나다, 멕시코가 관세와 무역 장벽을 없애고 자유 무역권을 형성한 경제 공동체예요.

세 나라의 인구는 세계 인구의 7%이고, 국내 총생산(GDP)을 모두 합치면 7조 달러, 교역량은 1조 3,600억 달러로, 세계 총생산의 35%를 차지하는 거대한 시장이에요.

협정이 체결되면서 미국의 자본과 기술, 캐나다의 천연자원, 멕시코의 값싼 노동력이 결합되어 지역 경제를 크게 발전시켰어요. 반면에 시장 보호와 블록 경제화 현상이 심화되어 우리나라처럼 미국에 수출 의존도가 높은 나라들에게는 넘기 힘든 큰 장벽이 되고 있어요. 이 세 나라의 결합이 서로에게도 긍정적인 결과만 가져온 것은 아니에요. 미국 기업이 멕시코로 이동하면서 생긴 미국의 실업 증대, 멕시코의 환경 악화 등의 문제가 미국 내에서 제기되고 있기도 합니다.

경제가 보이는 퀴즈

1. 자기 나라 산업이 다른 나라 산업과 경쟁할 수 있도록 나라에서 여러 가지 보호 정책을 쓰는 것을 무엇이라고 할까요? (   )

    ① 자유 무역

    ② 산업 정책

    ③ 보호 무역

    ④ 경쟁 정책

2. 보호 무역과 관련한 제도가 아닌 것은 다음 중 어느 것일까요? (   )

    ① 수입 관세 제도   ② 수출 보조금 제도

    ③ 수입 할당 제도   ④ 수출 보험 제도

3. 보호 무역주의에 대한 설명 중 바르지 못한 것은 어느 것일까요? (   )

    ① 무역 장벽은 자기 나라 무역을 보호하려는 여러 조치들을 말한다.

    ② 자기 나라의 유치 산업 보호에는 역점을 두나 수출 증대를 통한 고용의 증대에는 별 관심이 없다.

    ③ 우리나라 같은 수출 주도형 국가는 보호 무역주의가 확산되면 어려움이 커진다.

    ④ 보호 무역주의는 무조건 내 것만 보호한다는 의미가 아니라, 경쟁력이 생길 때까지만 보호한다는 자유주의의 원칙이 깔려 있다.

정답: 1.③ 2.④ 3.②

3
다른 나라와 거래해 돈을 주고받아요

국제 수지 오늘날 세계의 여러 나라들은 밀접하게 관계를 맺으면서 살아가요. 각자 따로따로 사는 것보다 모두에게 더 이익이 되기 때문이지요. 그래서 나라끼리는 서로 물건을 수출하고 수입도 하고 있어요. 이때 무조건 수출만 많이 하거나, 수입만 많이 해도 좋지 않아요. 어디에서든 균형을 이루는 것이 중요하듯이 무역에서도 적당한 균형이 필요하지요.

미국으로 어학 연수를 간다고?

"아유, 요즘은 모두들 단풍놀이다 뭐다 야단이라 도무지 공부에 집중이 안 되네. 나도 엄마 아빠 따라 여행 가고 싶어."
"그럼 넌 벌써 겨울 방학이 기다려지겠구나?"
"아, 맞다. 이제 두 달만 지나면 겨울 방학이지!"
인호와 효선이, 청호, 은실이는 급식을 먹고 나서 햇살이 따사로운 창가에 앉아 단풍을 바라보았어요.
"인호야, 넌 겨울 방학이 되면 어디 갈 거니?"

청호가 물었어요.
"나? 나는 겨울이면 시골에 계신 할아버지 댁에 다녀와. 옛날 썰매도 타고 화로에 고구마랑 밤을 구워 먹으며 할머니한테 옛날이야기를 듣지."
"와, 좋겠다! 효선이 넌?"

"난 엄마 아빠랑 제주도 갈 거야. 조랑말도 타고 신나게 제주도 곳곳을 다녀야지."

"은실이는 어때?"

"난 부모님과 함께 지리산에 갈 것 같아. 전부터 지리산 등반을 하자고 말씀하셨거든. 겨울 산이 그렇게 아름답대. 위험해서 높은 곳까지는 가지 못하겠지만 아름다운 겨울 산을 꼭 보고 올 거야."

"청호야, 넌?"

"난 이번 방학에 미국으로 어학 연수 가려고 해. 부족한 영어 공부도 하고 미국 여행도 하려고."

"정말이야? 깊이 생각해 봐야 할 텐데……."

"왜? 미국에 어학 연수 가는 데 문제가 있니? 윤정이는 캐나다로, 다솔이는 뉴질랜드로, 수경이는 영국으로 간다고 하던데……."

"너 지난번 텔레비전 뉴스 못 봤니? 지난 여름 방학 때 인천 공항에 사람들이 너무 많이 몰려서 발 들여 놓을 틈이 없을 정도로 빽빽했잖니! 너처럼 외국으로 어학 연수를 떠나거나 외국 여행을 하려는 학생들이 너무 많았기 때문이래. 그렇게 해서 외국으로 빠져나가는 돈이 몇천 억 원이 된다고 뉴스에 나왔어."

"그렇구나. 난 거기까지 생각은 못 해 봤어."

"외국에 가서 공부하는 거야 물론 좋은 일이지. 문제는 우리나라에 들어오는 외국인들은 적은데, 외국으로 나가는 사람들이 많다는 거야. 그 사람들이 외국에서 쓰는 돈이 엄청나고 말이야."

"하긴 들어오는 돈은 적고 나가는 돈만 많으면 문제가 크겠다. 이러다 우리나라가 가난해지면 어쩌지?"

친구들은 갑자기 걱정들이 커졌습니다.

경제 이야기 국제 수지란?

최근 국제화·세계화 바람을 타고 영어를 배운다며 너도나도 외국으로 떠나고 있어요. 이런 일이 흔해지면서 우리나라의 돈이 외국으로 많이 빠져나가고 있지요. 외국 사람들이 우리나라에 들어와서 쓰는 돈에 비해, 어학 연수나 해외여행으로 우리나라 사람들이 외국에 나가서 쓰는 돈이 훨씬 많아진다면 나라 경제에 큰 부담이 될 거예요. 우리한테 들어오는 돈보다 나가는 돈이 많으면 결국 가난뱅이 나라로 변하고 말 테니까요.

요즘은 외국과 전혀 관계를 맺지 않거나 서로 협력하지 않고 독립적으로 경제생활을 해 나갈 수는 없어요. 어느 나라든 여러 가지 형태로 다른 나라와 경제 교류를 하고 있지요. 나라와 나라 사이에서는 상품이나 서비스를 수출하고, 또 수입을 함으로써 많은 돈이 오고 갑니다.

한 나라가 일정 기간 동안 다른 나라와의 경제적 거래를 통해 주고받은 돈의 총액을 '국제 수지'라고 해요. 한 해 동안 딴 나라에서 들어온 돈이 나간 돈보다 많은 경우는 '국제 수지 흑자', 나간 돈이 외국에서 들어온 돈보다 많은 경우에는 '국제 수지 적자'라고 말합니다.

국제 수지는 거래가 일어나는 원인과 경제에 미치는 효과에 따라 '경상 수지'와 '자본 수지'로 나누어집니다. 경상 수지는 국제 거래에서 자본이 직접 오가는 것 이외에 상품이나 서비스를 거래하면서 생기는 수출과 수입이에요. 재화의 이동, 일해서 번 임금이나 투자로 얻은 소득 등이 다른 나라로 이동하면서 생기는 수입과 지출이지요. 해외여행이나 보험료, 로열티 등의 거래에서 생기는 것도 경상 수지에 해당해요. 이에 비해 자본 수지는 나라들 사이에서 서로 돈을 빌려 주거나 빌려 오는 거래에서 생기는, 들어오거나 나간 돈을 말합니다.

  수입보다 수출이 많아 국제 수지가 흑자인 경우는 그 나라의 경제 사정이 나아지기 때문에 수요가 늘어나고, 국내 생산도 증가해 국민 소득 역시 늘어나요. 이때는 나라 안에 외국 돈이 많아지므로 국가는 빚을 갚거나, 항만·댐·공항·고속 철도와 같은 큰일에 투자를 할 수도 있지요. 반대로 수입이 수출보다 많아 국제 수지가 적자가 되면, 그 나라 제품의 수출이 줄어들고 외국 제품의 수입이 늘어나므로, 국

수출을 하기 위해 상품을 싣고 떠나는 배

내 생산은 줄고 국민 소득이 감소해 실업이 증가합니다. 그래서 모든 나라는 국제 수지를 가능한 한 균형으로 유지하거나 흑자로 만들려고 노력해요. 그리고 이런 일은 국가와 국민 모두의 노력으로 이루어지지요.

대부분의 가계에서는 수입과 지출을 관리하기 위하여 가계부를 기록하고, 기업도 수입과 비용을 파악하기 위하여 회계 장부를 작성하지요. 마찬가지로 국가도 외국과의 거래 내용을 기록하여 경제 상태를 파악할 필요가 있답니다. 이것이 바로 '국제 수지표'예요. 국제 수지표는 각 나라에서 일정 기간 동안 다른 나라와 벌인 모든 거래 내용을 체계적으로 분류해서 정리한 표이지요. 이 표를 작성하는 목적은 가계부를 작성하는 이유와 같아요. 한 가정에서 들어온 수입을 어디에 어떻게 지출했는지를 밝혀서 그 가계의 경제 활동이 제대로 이루어지고 있는지를 살펴보는 것이지요. 혹시 잘못되고 있다면 대책을 세우고요. 즉 국제 수지표는 다른 나라들과 어떻게 거래를 했는지 그 흐름을 정확히 파악하고, 문제가 있다면 대책을 세워 나가기 위해 작성하는 것이랍니다.

세상 속으로   경상 수지 흑자와 적자의 영향

신문을 읽다 보면 "올 4월 경상 수지가 흑자로 돌아서……." 이런 내용을 자주 접하게 됩니다. 경상 수지도 당연히 적자보다는 흑자가 좋겠지요? 경상 수지가 흑자라는 것은 경상 수지의 대부분을 차지하고 있는 무역 수지가 개선되는 경우를 의미해요. 이는 우리나라 재화와 서비스의 수출이 늘어나든지, 아니면 수입이 줄어든 경우랍니다. 수출이 늘어나면 수출 기업의 생산이 늘어나 고용이 확대되고 소득이 높아져요. 마찬가지로 수입이 줄어들면 국산품 판매에 좋은 영향을 끼쳐 국내 기업의 생산이 늘어나고 고용이 확대되며 소득이 높아지지요. 다시 말해 수출이 늘든지 수입이 줄든지 간에 경상 수지의 흑자는 국내 생산 증가에 따른 고용 확대, 그리고 소득 증대라는 긍정적인 경제 효과를 가져옵니다. 그뿐만이 아니에요. 경상 수지가 흑자가 되면 벌어들인 외국 돈으로 그동안 외국에 진 빚(외채)을 갚아 나라의 신용도를 높이고, 댐이나 공항을 짓는 큰일에 투자도 할 수 있지요.

그렇다면 경상 수지 흑자는 무조건 좋은 것일까요? 그렇지는 않아요. 경상 수지 흑자는 나라 안에서 사용되는 돈의 양, 즉 통화량을 증가시켜요. 통화량이 증가하면 물가가 상승하기 마련이지요. 또 경상 수지 흑자가 지나칠 경우에는 환율을 급격히 떨어뜨려서 기업이 수출하는 데 불리하게 되고, 결국 국내 경제 상황을 어렵게 만들 수 있답니다. 또 한 나라만 계속 수입보다 수출을 많이 하게 되어 경상 수지가 흑자가 되면, 상대국으로부터 수출품에 대해 규제를 받는 등 무역에서 마찰이 생길 수도 있어요.

  이와는 반대로, 경상 수지 적자는 우리나라 재화와 서비스의 수출이 줄든지, 아니면 수입이 늘어난 경우에 나타나요. 수출이 줄면 수출하는 기업의 생산이 줄고, 수입이 늘어나면 비슷한 물건을 생산하는 국내 기업의 생산이 줄어들지요. 그러므로 경상 수지 적자는 일자리를 감소시켜 실업 증가와 소득 감소라는 부정적인 결과를 가져오게 되지요. 그뿐만 아니라 수입이 수출보다 많은 상태라면, 외국에 갚아야 할 빚이 점점 더 늘어나게 되므로, 나라 살림이 더욱 어려워지지요. 가계에도 빚이 많아지면 부담이 더 커지는 것처럼 말이에요. 돈을 빌렸는데 갚지 못하고, 점점 더 많이 빌려 쓰게 되면 신용이 떨어지는 문제도 생기지요. 그렇지만 경상 수지 적자는 경상 수지 흑자와 반대로 통화량을 감소시켜 나라 안의 물가가 올라가지 못하게 막는 효과를 보이기도 한답니다.

경제가 보이는 퀴즈

1. 나라와 나라 사이에 상품이나 서비스를 수출하거나 수입을 하면 많은 돈이 오고 갑니다. 이와 같이 한 나라가 일정 기간 동안 다른 나라와의 모든 경제적 거래를 통해 주고받은 돈의 총액을 무엇이라고 할까요? ( )

   ① 서비스 수지 ② 수출 수지
   ③ 자본 수지   ④ 국제 수지

2. 다음 중 경상 수지로 볼 수 없는 것은 어느 것일까요? ( )

   ① 외국인 투자, 해외 투자, 차관
   ② 보험료와 로열티
   ③ 상품 및 서비스의 수출과 수입
   ④ 해외여행, 연수, 유학 등의 수입

3. 다음 내용은 무엇에 대한 설명일까요? ( )

   > 한 나라가 다른 나라와 맺는 경제 거래의 흐름을 파악하여 그 흐름과 국내 경제 활동과의 관계를 명확히 밝히고 대책을 세워 나가기 위해서 만든 표입니다.

   ① 경제표   ② 국제 수지표
   ③ 자본 수지표 ④ 소득 수지표

정답 1.④ 2.① 3.②

4
외국 돈과 우리 돈을 바꾸는 비율이에요

환율 해외여행을 가기 전에 꼭 해야 할 일이 있어요. 여행 가는 나라에서 쓸 돈을 그 나라 돈으로 바꾸는 일이에요. 우리나라 돈을 아무리 많이 가지고 가 봤자 외국에 나가면 쓸 수 없으니까요. 그런데 우리나라 돈과 외국 돈을 바꾸는 비율은 매일매일 달라진대요. 그게 무슨 말인지 함께 알아볼까요?

어느 나라 차를 살까?

스티븐이 책상 앞에서 끙끙대며 앉아 있었어요. 그 모습을 지켜보던 데이비드가 말을 걸었어요.

"스티븐, 무슨 걱정 있어?"

"차를 한 대 사려는데, 어느 나라 차가 좋을까 생각 중이야. 나라마다 화폐 가치가 다르니 가격도 쉽게 비교가 되지 않네."

"그런 일이라면 진작 나한테 물어보지 그랬어? 이래보여도 내가 자동차에 대해 관심이 아주 많거든. 그리고 해외여행도 많이 다녀봐서 다른 나라 돈에 대해서도 좀 안다고 할 수 있지."

데이비드가 어깨를 으쓱이며 말했어요.

"이런, 진작 너한테 고민을 말할 걸 그랬구나. 맞아, 네가 미니 자동차 수집광이었지. 실제 차에 대해서 아는 것도 많고."

"하하, 전문가는 아니지만 네게 도움을 줄 정도는 될 거야. 근데 어떤 종류의 차를 사려고 해?"

한층 밝아진 스티븐을 보자 데이비드도 기분이 좋아졌습니다.

"이번엔 스포츠카를 사고 싶은데, 지금까지는 승용차만 운전해 봐서 어떤 게 좋은지 잘 모르겠어."

"특별히 좋아하는 나라의 자동차가 있어?"

"그건 아니야. 값이나 성능, 디자인이 괜찮다면 어느 나라 자동차라도 상관없어."

"어디 보자. 스포츠 카는 일본, 영국, 독일, 이탈리아, 한국 제품이 우수해. 브랜드는 아주 다양한데, 성능이나 디자인, 품질은 거의 비슷하다는 자동차 전문 기관의 평가가 있었어. 문제는 가격 아니겠어? 예산에 맞는 자동차를 구입해야 할 테니 말이야. 그리고 같은 품질이라면 가격이 싼 자동차가 좋겠지?"

"물론이지. 품질이 비슷하다면 가격이 무엇보다 중요하지."

"그럼 선택의 폭이 좀 줄어들 수 있겠군. 맞아, 지금 환율부터 살펴보는 게 좋겠어. 환율에 따라 자동차 가격이 달라지니까."

데이비드는 신문의 환율란을 펼쳐 들었습니다.

"자, 여길 좀 보라고. 일본의 엔화는 전보다 더 비싸졌고, 영국의 파운드화는 종전과 똑같고, 유럽의 유로화는 더 올랐고, 한국의 원화는 며칠 사이에 더 싸졌네. 미국 달러에 비해 한국의 원화 가격이 많이 내려갔으니, 지금은 한국 자동차를 싸게 살 수 있어."

"그렇구나. 그럼 이제 한국 스포츠 카 모델을 알아봐야겠네."

큰 짐을 던 사람처럼 스티븐의 목소리가 밝았습니다.

경제 이야기 | 환율이란?

나라마다 사용하는 화폐의 종류와 가치는 다릅니다. 우리나라에서는 원(₩)을 쓰고, 미국은 달러($), 일본은 엔(¥), 영국은 파운드(£), 유럽 연합에서는 유로(€)를 쓰지요.

우리가 미국에 가서 물건을 사려면 우리 원화를 미국 달러로 바꾸어 가야 합니다. 원화를 달러로 바꿀 때는 1달러를 우리 돈 얼마와 바꿀지 그 비율을 정해야 하지요. 이때 원화와 달러를 바꾸는 비율을, '원-달러 환율'이라고 해요. 환율이란 서로 다른 나라 돈을 교환하는 비율, 즉 우리 돈으로 다른 나라 돈을 사는 가격을 말합니다.

미국 돈 1달러를 우리 돈 1,000원과 바꿀 수 있다고 칩시다. 이때 달러 대 원화의 환율은 1대 1,000입니다. 그런데 이 환율은 수시로 오르고 내립니다. 환율이 오르거나 내린다는 것은 곧 그 나라 돈의 가치가 올라가거나 떨어진다는 뜻이지요.

예를 들어 1달러에 1,000원이던 것이 1달러에 1,200원이 되면 "(달러) 환율이 올랐다."고 말해요. 이 말은 미국 돈 달러의 가치가 우리 돈 1,000원에서 1,200원으로 올랐다는 뜻이에요. 반대로 달러에 대한 우리 돈의 가치는 떨어진 거예요. 전에는 1,000원만 내면 1달러와 바꿀 수 있었는데, 이제는 1,200원을 내야 하니까요. 환율이 다시 변해 1달

외국 돈과 우리 돈을 바꾸는 비율이에요

러당 1,200원에서 1,000원이 되면 이를 "(달러) 환율이 내렸다."고 해요. 그만큼 우리 돈의 가치가 오른 것이고요.

'어느 나라 차를 살까?' 이야기에서 스티븐은 미국 돈 달러로 다른 나라 자동차를 사려고 했어요. 일본, 영국, 독일, 이탈리아 자동차와 한국 자동차를 비교하던 스티븐은 때마침 한국 원화의 가치가 떨어졌다는 소식을 듣고 한국 자동차를 사기로 결정했어요. 달러에 대한 원화의 가치가 떨어졌으니, 스티븐은 달러를 예전보다 적게 내고 한국 자동차를 살 수 있게 된 것이지요. 즉, 예전보다 싼 가격으로 똑같은 차를 구입하게 되었답니다.

환율은 무역에 직접적인 영향을 미쳐요. 환율이 올라가면 외국에서는 더 싼 가격으로 우리나라 물건을 살 수 있게 되므로 수출이 증가하지요. 그러나 환율이 떨어져 가령 1달러에 1,000원에서 900원으로 하

락하면, 수출은 줄고 수입은 늘어납니다. 우리나라의 기업들은 똑같은 상품을 미국 시장에 수출해도 환율이 떨어지기 전(1,000원)보다 적은 돈(900원)을 손에 넣게 되니 손해이지요. 반대로 물건을 수입하는 기업들은 1,000원짜리를 900원에 살 수 있으니, 같은 돈으로 많은 양의 물건을 살 수 있어 수입하는 양을 늘리지요. 또 환율이 떨어지면 외국에서 재료를 사다 그것을 가공해 파는 제조 회사도 원자재 가격이 내려가서 이익을 보게 됩니다.

환율이 수시로 달라지는 이유는 시장에서 물건 가격이 수요와 공급의 원칙에 따라 달라지듯이, 환율도 외환 시장에서 외국 돈의 수요와 공급에 따라 움직이기 때문이에요. 보통 수출이 수입보다 많아서 외국 돈의 공급이 늘어나면 환율이 내려가고, 반대로 수입이 수출보다 늘어나 외국 돈의 공급이 줄어들면 환율이 올라가게 됩니다. 또 외국인들이 우리나라 금융 시장에 투자를 많이 하게 되면 달러의 공급이 늘어나 환율이 내려가고, 반대의 경우에는 환율이 올라가게 돼요. 이처럼 환율은 여러 가지 요인에 따라 움직입니다.

세상 속으로 | 환율과 우리 생활

"환율이 상승하여 원화가 약세를 보이고 있다."는 기사가 나면 여러 사람의 가슴을 졸이게 만들어요. 외국에 제품을 수출하는 기업, 외국에서 원자재를 사다 물건을 만드는 기업, 우리나라에서 나지 않는 기름을 쓰는 사람들, 외국에서 공부하는 자녀를 둔 부모님 등 모두 환율이 올라가고 내려가는 것에 신경을 곤두세웁니다. 환율 상승! 환율 하락! 환율의 움직임은 우리 생활에 어떻게 영향을 끼칠까요?

경서 집의 경우를 같이 볼까요? 경서 오빠 진수는 다음 달 미국 배낭여행에서 쓸 돈으로 1,000달러를 예상했어요. 작년에 진수가 여행 계획을 세울 때만 해도 환율은 1달러 대 1,000원이어서, 여행을 위해서는 우리 돈 100만 원(1,000달러×1,000원)이 필요했어요. 그런데 지금은 1달러 대 1,200원으로 원화가 약세를 보이게 되어 120만 원이 있어야 1,000달러와 바꿀 수 있어요. 20만 원이나 더 필요하게 된 것이지요. 아르바이트로 겨우 100만 원을 모았는데 갑자기 20만 원이 부족해지자, 진수는 작년에 여행을 다녀오지 않은 것이 무척 후회가 되었어요.

경서네 옆집 민호네 형은 미국에서 공부를 하고 있어요. 민호 아빠 역시 환율이 올라 달러 가격이 높아지자 걱정하고 있는 사람 중 하나예요. 지난해 환율이 1달러 대 1,000원이었을 때는 아들에게 1만 달러를 보내려면 1,000만 원(1만 달러×1,000원)만 있으면 됐는데, 지금은 환율이 1,200원으로 올라 1,200만 원(1만 달러×1,200원)을 송금해야 한다면서 지난해에 달러를 미리 사 놓지 않은 것을 아쉬워했지요.

생각보다 우리 생활 가까이에서 모두들 환율의 영향을 받고 있지요? 하지만 환율의 움직임은 우리가 쉽게 예측할 수 없어서 미리 대처하기가 어려워요. 환율의 움직임은 수출과 수입, 고용, 물가 등에도 영향을 미칩니다.

환율이 오르면 원화의 가치가 떨어진 것이므로, 수출 상품의 가격이 그만큼 낮아져요. 그래서 수출 기업은 판매와 생산을 더욱 늘리게 되지요. 또 수입 상품의 가격이 높아져서 수입이 줄어드니, 국내 기업의 판매와 생산은 늘어나지요. 따라서 환율 상승은 대부분의 산업에 생산을 늘리고 고용을 확대하여 경제 성장을 촉진하는 긍정적인 효과를 낳아요.

물론 나쁜 점도 있지요. 환율이 오르면 수입품의 가격이 올라가 우리나라 물가에 부담을 줍니다. 특히 원유를 모두 외국에서 사 와야 하는 우리나라는 환율이 올라 원유 가격이 오르게 되면 기름을 사용하는 모든 분야에서 제조 원가가 올라가게 된답니다.

경제가 보이는 퀴즈

1. 미국에 가서 물건을 사려면 원화를 달러로 바꿔야 하고, 1달러에 원화를 얼마로 바꿀지 그 비율을 정해야 합니다. 이와 같이 두 나라 화폐의 교환 비율을 무엇이라고 할까요? (　)

    ① 환율　　　　　　　　② 임금
    ③ 이자율　　　　　　　④ 수익률

2. 1달러 환율이 1,000원에서 1,200원이 되었을 경우에 대한 설명으로 바르지 못한 것은 다음 중 어느 것일까요? (　)

    ① 환율이 올랐다
    ② 원화 가치가 떨어졌다
    ③ 수출이 증가한다
    ④ 수입이 증가한다

3. 우리나라의 환율은 어떻게 결정될까요? (　)

    ① 정부가 마음대로 결정한다.
    ② 한국은행이 마음대로 결정한다.
    ③ 외환의 수요와 공급에 따라 결정된다.
    ④ 이자율의 변동에 따라 결정된다.

정답 1.① 2.④ 3.③

5
세계 경제는 밀접히 연관되어 있어요

지구촌 경제 우리 식탁 위에는 미국산 밀로 만든 빵과 호주산 쇠고기로 만든 식사가 종종 올라와요. 필리핀산 바나나, 자메이카산 커피도 보이고요. 우리나라에서 생산한 휴대 전화를 유럽 사람들이 들고 다니고, 우리나라에 있던 공장이 중국이나 베트남 등지로 이사를 가기도 해요. 이렇게 어느새 세계는 한 마을, 한 나라처럼 가까워져 있답니다.

미국 경제가 기침하면 우리 경제는 감기 든다?

평소 경제에 관심이 많은 궁금이가 경제 도사에게 묻습니다.

"사람들이 미국 경제가 기침을 하면 우리나라는 감기가 든다고 말하던데, 그게 무슨 뜻이에요?"

경제 도사는 질문을 기다리고 있던 것처럼 척척 대답합니다.

"정말 재미있는 표현이지? 그 말은 우리나라 경제가 해외 경제에 크게 의존하고 있다는 것을 비유한 말이란다. 미국은 다른 나라들로부터 물건을 가장 많이 사들이는 세계 최대의 수입국이지. 만약 미국 경제가 어려워져 수입을 크게 줄인다면, 우리나라 수출 기업들은 큰 타격을 입게 된단다. 수출이 적어지면 우리나라의 소득이 줄어드는 것은 물론이고 기업에 다니는 사람들의 일자리도 줄어들게 될 거야. 그 결과 나라 경제가 큰 어려움에 빠지게 되지. 이같이 미국 경제가 어려워지면 곧 우리 경제도 어려워진다는 이야기를 빗대어 말한 거란다."

경제 도사의 대답이 끝나기가 무섭게 궁금이가 또 묻습니다.

"우리나라는 여러 나라에 수출을 하는데 왜 하필 미국인가요?"

"우리는 1945년에 일본으로부터 독립을 하고, 그 후 6·25전쟁 등을 겪으며 미국의 도움을 많이 받았단다. 그리고 미국은 지금 세계에서 가장 힘이 센 나라로 꼽힌단다. 튼튼한 경제력, 강력한 국방력, 세계를 좌우하는 정치력 등 막강한 힘을 가지고 세계 경제를 휘두르고 있지."

"그럼 다른 나라도 미국이 기침을 하면 우리처럼 경제가 감기에 걸리나요?"

"그런 나라가 많지. 예를 들어 싱가포르나 대만처럼 해외 의존도가 높은 나라들이 특히 그렇단다. 이들 나라는 우리나라처럼 모두 자원이 거의 나지 않는 나라들인 데다가 조상들로부터 물려받은 자산도 거의 없지. 그래서 다들 가난에서 벗어나기 위해 선진국으로부터 돈과 자원을 빌려 와서 산업을 일으켰단다. 원자재를 외국에서 구입해 그걸로 많은 물자를 생산해 다시 다른 나라에 파는 경제 정책을 편 거란다. 이런 나라들은 대부분 경제 규모가 큰 미국, 일본, 중국 등과 주로 거래를 하고 있지. 그래서 이들 나라의 경제 상태가 어떠냐에 따라 큰 영향을 받게 되는 것은 당연한 거란다."

"미국이 기침을 해도 우리가 감기에 들지 않는 방법은 없을까요?"

"있긴 하지. 우리의 경제력을 키우면 된단다. 주로 수출하고 수입하는 나라를 미국이나 일본이 아닌 다른 나라로 바꿀 필요도 있지. 이를 수출 지역의 다변화라고 한단다. 수출 상품도 다양하게 늘리고 말이지. 요즘 들어 우리가 중국, 동남아, 유럽, 아프리카, 캐나다, 멕시코, 칠레 등지로 수출하는 나라를 넓히는 것도 그와 같은 이유에서란다."

궁금이의 경제에 대한 궁금증은 다 풀렸을까요?

경제 이야기 | 지구촌 경제의 의미는?

 미국 경제가 기침하면 우리 경제는 감기가 든다니, 우리나라 경제와 미국 경제는 뗄레야 뗄 수 없는 관계인가 봐요. 사실 세계가 점점 하나의 마을로 좁혀져 가고 있는 요즈음, 미국이 아니어도 다른 나라의 경제 상황은 우리나라에 늘 영향을 미치지요. 여러분도 '지구촌'이라는 말을 많이 들어 보았을 거예요. 말 그대로 지구 전체를 한 마을처럼 여겨 이르는 말이지요. 캐나다의 언론학자 마셜 매클루언이 처음으로 이 말을 쓴 지도 벌써 60년이 지났네요.

 지구촌이란 말은 이제 더 이상 설명이 필요 없게 되었어요. 자유 무역이 전 세계로 확산되어 모든 제품과 서비스가 국경의 제약 없이 자유롭게 거래된 지가 오래되었지요. 시간이 지날수록 나라들 사이의 무역 장벽이 점차 사라지고, 정치·경제·사회·문화적 의미의 국경이 없어지고 있어요. 기업들도 이제는 자기가 속해 있는 나라 안에서만 머무르는 것이 아니라 전 세계 시장을 무대로 생산과 투자 활동을 하고 있지요. 우리나라만 해도 어떤 기업은 중국에 공장을 운영하고 있고, 세계 주요 도시에 지점을 가진 기업들이 있다는 소식도 많이 들었을 거예요. 이제는 국제 기업에서 다국적 기업으로, 나아가 국가를 초월하는 초국적 기업으로 발전하고 있답니다.

그러니 어떤 나라도 고립되어 혼자서는 살아갈 수 없어요. 이처럼 지구촌 시대가 빠르게 전개되는 데에는 몇 가지 이유가 있어요. 먼저 교통과 통신이 발달하여 활동 공간이 국제적으로 넓어지고 어디든 빠르게 다닐 수 있게 되었기 때문이에요. 둘째로는 공업 기술이 매우 빠르게 전 세계로 널리 퍼진 덕분이지요. 이제 어느 나라에서든 사용하는 물건들은 대부분 비슷해졌지요. 셋째로, 사회·문화적인 측면에서도 여러 나라가 서로 비슷해지고 있어요. 어떤 영화가 유행하면 전 세계 사람들이 모두 같은 영화를 보게 되기도 하니까요. 넷째로, 국가나 집단을 생각하는 사람들의 생각이 바뀌었기 때문이에요. 이제 사람들은 옛날과 달리 국가나 집단의 이해관계보다는 나 자신의 자유와 이익에 대해 더 중요하게 생각하는 편이랍니다.

이제 우리는 다른 나라에서 일어나는 전쟁, 기아, 환경 파괴, 민족이나 종교 간의 갈등, 경제 위기 등을 더 이상 '강 건너 불'로 여길 수 없게 되었어요. 다른 나라의 여러 가지 문제가 우리에게까지 영향을 미쳐 '발등의 불'로 바뀌는 일들을 자주 경험하고 있으니까요. 특히 경제가 발전하면서 생긴 환경 오염과 무분별한 개발 등으로 인한 환경 파괴 문제, 기상 이변 현상, 지구 온난화 등은 전 세계가 함께 고민해야 하는 공동의 문제가 되고 있습니다.

세상 속으로 | 월드컵 경제학

　세계인의 축구 축제, 월드컵을 모두들 알고 있지요? 전 세계 사람들의 눈과 귀가 집중되는 월드컵만큼 세계 경제에 영향을 끼치는 행사도 드물 거예요. 월드컵을 둘러싸고 생기는 엄청난 규모의 경제적 효과는 많은 사람들의 마음을 설레게 한답니다.

　월드컵으로 제일 큰 경제적 효과를 얻는 나라는 아마 월드컵을 개최하는 나라일 거예요. 2010년도 월드컵을 개최한 남아프리카 공화국이 월드컵으로 직접 거두어들인 경제 효과는 7천 5백억 원에 이른대요. 월드컵 경기장을 짓는 건설 현장에서만 13만 개가 넘는 일자리가 새로 생겼다니까요. 또 월드컵 기간 동안 남아공을 방문한 외국인 관광객은 38만 명에 이르고, 이 사람들은 평균 18.7일 동안 남아공에 머물면서 1인당 약 4,100여 달러, 모두 1조 4천억 원을 썼다고 해요. 그 덕분에 지난해 마이너스 성장을 보였던 남아공의 올해 국내 총생산(GDP) 성장률은 2.3%에 이를 전망이래요.

　국제 축구 연맹(FIFA) 역시 월드컵으로 큰 수익을 올려요. 남아공 월드컵으로 벌어들인 FIFA의 총수입은 36억 달러, 우리 돈으로 약 4조 5천억 원에 이르지요. 4년 전인 2006년 독일 월드컵 때보다도 50% 가량 증가한 금액이에요. 총수입이 늘어난 주요한 원인은 월드컵의 가장 큰 수입원인 중계권료가 인상되었기 때문이에요. 남아공 월드컵의 텔레비전 중계료만 따져도 FIFA 전체 수입의 75%인 27억 달러, 우리 돈으로 3조 4천억 원에 이릅니다. 또 월드컵을 후원하는 공식 스폰서 기업들의 협찬이 6억 6만 달러 정도, 입장권 수입은 2억 5천만 달러 정도래요. 이렇게 번 돈은 대회 운영비와 상금, 207개 나라의 협회 지원금 등으로 사용되는데, FIFA는 이번 월드컵에 11억 달러를 투자했어요. 또 월드컵에 출전한 32개 나라에 대회 준비금과 참가금을 주고, 16강 이상 오른 팀에 모두 4억 2천만 달러의 상금을 주고, 전 세계 프로 축구 구단에 주는 출전 선수당 참가 수당도 새로 만들었다고 합니다. 어찌 되었든 이번 남아공 월드컵에서 FIFA가 거둔 순이익은 10억 달러, 우리 돈으로 1조 2천억 원이 넘을 거라니, 정말 어마어마

한 금액이지요.

　월드컵은 글로벌 기업들에게도 큰 영향을 끼쳐요. 월드컵은 약 한 달 동안 총 64경기가 펼쳐지는데, 전 세계 263억 명이 경기를 관람하거나 텔레비전으로 시청하므로 전 세계 인구가 1인당 평균 4경기씩 보는 셈이지요. 그런 만큼 월드컵 마케팅의 위력이 대단합니다. 스포츠는 언어나 문화, 이념을 초월해 누구나 함께 즐길 수 있다는 장점이 있기 때문이에요. 월드컵을 이용해 기업을 선전하고 알리는 일에 투자한 비용을 모두 합치면 100조 원대에 이른대요. 돈이 많이 들지만 그만큼 광고 효과가 크기 때문에 많은 기업들이 월드컵을 여러모로 이용할 수 있기를 바라고 있답니다.

경제가 보이는 퀴즈

1. 다음의 내용은 무엇을 설명한 것일까요? (   )

   > 세계가 점점 하나의 마을로 좁혀지고 있습니다. 지구 전체가 경제, 정치, 사회, 문화적으로 하나의 큰 무대가 되어 가고 있습니다.

   ① 미래 사회 경제　　　　② 자본주의 경제
   ③ 사회주의 경제　　　　④ 지구촌 경제

2. 다음 중 지구촌 경제에 대한 설명이 아닌 것은 어느 것일까요? (   )

   ① 세계의 많은 사람이 브라질산 과일 주스, 필리핀산 바나나를 먹는다.
   ② 우리나라 사람이 미국 밀로 만든 빵과 호주산 쇠고기로 식사를 한다.
   ③ 많은 기업들이 임금이나 땅값이 싼 지역으로 공장을 옮긴다.
   ④ 자기 나라 물건만 소비하고 자기 나라 사람들과만 결혼한다.

3. 지구촌 경제로 인해 발생하는 문제점이 아닌 것은 어느 것일까요? (   )

   ① 기상 이변을 일으키는 엘니뇨와 라니냐 현상이 자주 발생한다.
   ② 다른 나라에서 생산된 다양한 제품을 사용할 수 있다.
   ③ 이산화탄소 등 온실가스가 배출되면서 지구 온난화 현상이 생긴다.
   ④ 중국 내륙 지방의 사막화와 삼림 훼손으로 황사 현상이 일어난다.

정답 1.④ 2.④ 3.②

6
함께 힘을 모아 경쟁해요

경제 통합 우리가 살다 보면 혼자보다는 여러 명이 모였을 때 힘을 얻는 경우가 많아요. 혼자서는 할 수 없는 일이지만, 서너 명이 모이면 거뜬히 해낼 수 있는 일들이 있지요. 나라끼리도 마찬가지예요. 같이 힘을 모아 더 큰 나라에 대항하기도 하고, 서로 이익을 높이기 위해 머리를 맞대기도 하지요. 이번에는 경제 통합에 대해 함께 알아보아요.

꾀 많은 참새 대장

 숲 속 참새 무리를 이끄는 우두머리 참새 대장은 덩치는 작았지만 생각이 깊었어요. 그래서 참새 떼들은 편안한 나날을 보낼 수 있었지요. 그런데 마을 사냥꾼이 나타난 뒤로 참새들은 쫓기며 살게 되었어요. 들판에 마음 놓고 나갈 수도 없었지요.
 사냥꾼은 아주 영리했어요. 참새들이 떼 지어 노는 들판에 몸을 숨기고 참새 소리를 흉내 냈어요. 그러면 참새들은 친구인 줄 알고 우르르 몰려갔고, 그 순간 사냥꾼이 큰 그물을 던지는 거였어요.

"됐다. 꼼짝없이 걸려들었어!"

덫에 걸린 것을 알게 된 참새들은 피하려고 날개를 파닥거렸지만 이미 때는 늦었어요. 그물에 갇혀 버린 뒤였거든요. 사냥꾼은 참새들을 몽땅 잡아갔어요. 참새들의 수는 점점 줄어들었어요. 참새 대장은 참새들에게 당부했어요.

"사냥꾼이 내는 가짜 참새 울음소리에 속지 말아야 해."

하지만 사냥꾼의 솜씨는 참새들의 꾀를 훨씬 앞질렀지요. 어린 참새들은 사냥꾼에게 번번이 속아 넘어갔습니다. 참새 대장은 참새들을 모두 불러 모았어요.

"이러다간 참새들이 한 마리도 남아나지 않겠어. 다들 내가 시키는 대로 해. 그물에 걸리면 '으랏차차!' 소리를 지르면서 힘껏 날아

가는 거야."

참새 대장의 말에 모두들 고개를 갸우뚱했어요.

"어떻게 그물을 쓴 채 날아갈 수 있어?"

"일제히 함께 같은 방향으로 나는 거야. 물론 제각기 날면 그물에 날개가 걸려서 절대 빠져나올 수가 없어. 하지만 서로 힘을 모아 한 방향으로 날아가면 우리 날개에 그물이 끌려올 거야. 그래서 아주 멀리 사냥꾼이 오지 못하는 곳까지 날아가는 거야. 사냥꾼의 손에 닿지만 않으면 얼마든지 그물에서 빠져나올 수 있어. 알겠지?"

다음 날, 참새들은 들에 나갔어요. 그 기회를 놓치지 않고 사냥꾼이 그물을 던졌어요. 그물에 갇힌 참새들은 이번에는 우왕좌왕하지 않았어요. 참새들은 한꺼번에 "으랏차차!" 하고 소리를 지르고는 그물을 지고 날아올랐어요.

"어, 어찌 된 거지? 참새들이 그물을 끌고 하늘로 날다니……."

사냥꾼은 멍하니 도망치는 참새들을 쳐다볼 수밖에 없었어요. 그 뒤부터 참새들은 사냥꾼을 무서워하지 않았어요. 그래서 다른 새들과 달리 참새들은 사람들 주변에서 어울려 살 수 있게 되었답니다.

| 경제 이야기 | 경제 통합이란?

"뭉치면 살고 흩어지면 죽는다"는 말이 있어요. 여럿이 힘을 합치면 혼자서는 감당해 낼 수 없는 어려운 문제를 극복할 수 있고, 동시에 이익도 얻을 수 있지요.

'꾀 많은 참새 대장' 이야기에서 처음에 참새들은 그물에 걸렸을 때 서로 살기 위해 발버둥을 치다가 꼼짝없이 사냥꾼에게 잡혔지요. 그렇지만 참새 대장이 시킨 대로 모두 힘을 합쳤을 때에는 위기에서 벗어날 수 있었어요. 경제에서도 비슷한 일이 일어나요. 한 나라가 혼자서 하기에는 힘이 약하니까, 생각을 같이하는 여러 나라가 함께 힘을 모아 뭉치는 거지요. 다 같이 뭉치면 경제적인 이익을 더 많이 얻을 수 있으니까요. 이렇게 여러 나라가 서로 힘을 합쳐 하나의 시장을 만들어 나가는 것을 '경제 통합'이라고 합니다. 다시 말해 경제 통합은 어떤 특정한 지역 내에 있는 여러 나라가 경제 발전을 위해 국경을 초월하여 하나의 경제권을 형성하는 것이에요.

경제 통합이 된 나라들 사이에는 보통 무역 장벽이 사라집니다. 상대편 나라 물건이 수입될 때 부과하는 세금 즉 관세가 없어지고, 돈과 사람이 아무런 통제를 받지 않고 자유롭게 오가게 되지요. 이처럼 경제적으로 통합한 지역 내에서 관세를 없애거나 줄여 주고, 통합이 되지 않은 나라에 대해서는 공통 관세를 정하는 것을 '관세 동맹'이라고 해요. 보통 관세 동맹을 맺는 목적은 경제 효율을 높이고, 경제 통합 회원국들끼리의 관계를 더욱 밀접하게 하려는 데 있어요.

경제 통합은 보통 지역적으로 가까이 있는 나라 중에 경제 규모나 이해가 비슷한 나라들끼리 하는 경우가 많아요. 경제 통합의 대표적인 예로는 '유로'라는 단일 화폐를 쓰는 유럽 연합(EU), 미국·캐나다·멕시코가 결합한 북미 자유 무역 협정(NAFTA)이 있어요. 이 둘 모두 지역적으로 가까이 있는 나라들끼리 힘을 합쳤지요.

텔레비전 뉴스나 신문에서 자주 볼 수 있는 FTA라는 말도 경제 통합의 한 모습이에요. FTA는 '자유 무역 협정(Free Trade Agreement)'을 줄인 말이지요. 나라들끼리 자유 무역 협정을 맺게 되면, 무역 장벽을 없애서 자유롭게 서로 무역을 하게 되지요. 한동안 우리나라와 칠레 간의 FTA, 우리나라와 미국 간의 FTA 소식을 자주 들을 수 있지요? 우리나라가 이들 나라와 FTA를 체결하게 되면, 서로 무역을 할 때 관세를 없애서 자유롭게 거래를 할 수 있게 되는 거랍니다. 우리나라는 2010년 페루, 유럽 연합과도 자유 무역 협정을 체결했어요.

자유 무역 협정은 자유로운 무역 활동으로 두 나라 모두에게 이익을 안겨 주려는 목적이지만, 실제로 자유 무역 협정으로 피해를 보는 사람들도 있기 때문에 우리나라가 다른 나라와 이 협정을 맺는다고 하면 여러 사람들이 반대를 하는 시위를 하기도 해요. 예를 들어, 미국이나 칠레의 쌀이나 포도 같은 값싼 농작물이 아무런 제한 없이 우리나라에 마구 들어오게 되면, 상대적으로 비싼 값에 쌀이나 포도를 생산하는 우리 농가에는 큰 피해가 가게 되니까요. 하지만 일부 사람들의 피해보다 전체의 이익이 더 크다고 판단하는 사람들은 자유 무역 협정이 체결되는 것을 찬성할 수밖에 없지요. 누가 이익을 보고 누가 손해를 볼지, 경제 통합이 가져오는 장점과 단점 역시 쉽게 판단할 수 없는 문제랍니다.

그래도 경제 통합은 점차 늘어나는 추세예요. 처음에는 몇 개 나라끼리만 맺었던 경제 통합이 점차 주변에 있는 나라들로 퍼져 나가 회원국들이 많아지는 경우가 생기고 있지요. 언젠가는 전 세계적으로 커다란 경제 통합이 이루어질지도 모르는 일이에요.

세상 속으로 유럽 연합은 제일 큰 경제 통합이에요

유럽 연합(EU)은 20세기 중반 이후 미국이 경제가 급속히 발전하여 세계 경제를 이끄는 강대국이 되자, 유럽의 여러 나라들이 자신들의 위치를 굳건히 하고 경제적인 이익을 얻기 위해서 함께 뭉친 것입니다. 유럽 연합은 원래 경제적인 이익을 위해 힘을 모았지만 이제는 정치적인 부분에서도 공동체를 이루기 위해 노력하고 있어요.

유럽 연합의 회원국은 벨기에, 프랑스, 독일, 이탈리아, 룩셈부르크, 네덜란드, 덴마크, 아일랜드, 스웨덴 등 총 27개 나라예요. 2020년 1월 31일 영국이 EU에서 탈퇴했기 때문에 28개 나라에서 27개 나라가 됐어요. 유럽 연합의 인구는 세계인구의 약 7%를 차지하고 약 5억 명이에요. 국내총생산(GDP)의 규모가 18조 달러로 세계 총 국내총생산(GDP)의 약 24%를 차지해요. 유럽 연합(EU)은 2017년 기준 전 세계 수출의 15.8%, 전 세계 수입의 15.1%를 차지하는 세계에서 가장 큰 무역 공동체입니다.

처음에 유럽 연합에 가입했던 나라 수는 6개밖에 되지 않았어요. 하지만 시간이 지날수록 유럽 연합에 들기 원하는 나라들이 늘어나면서 27개 나라가 가입하게 된 것이에요. 유럽 연합에 들면 어떤 점이 좋아서 회원국이 늘고 있는 것일까요?

먼저 유럽 연합은 '유로'라는 단일 화폐를 사용하여 거래 비용을 줄이고 있어요. 유럽 연합 지역 내에서는 유로를 쓰기 때문에 수입, 수출을 할 때 환율에 대해 신경 쓸 필요가 없으니 여러 가지로 편리해졌지요. 또 모두가 하나의 시장이 되면서 자본이나 노동력이 완전히 자유롭게 이동할 수 있어서 서로 필요하거나 부족한 부분을 쉽게 채워 줄 수 있지요. 시장이 커진 만큼 규모의 경제를 갖추게 되어 비용이 준다는 점도 이득이에요. 경쟁력이 더 커지게 된 것이지요.

하지만 커다란 하나의 공동체가 반드시 좋은 점만 있는 것은 아니에요. 유럽 연합을 대표하는 독일, 프랑스, 이탈리아 세 나라의 경제 상황이 좋지 않으면 유럽 연합의 중심이 흔들리기도 해요. 또 금리와 환율을 유럽 중앙은행(ECB)이 한데 묶어서 관리하므로 지역별로 독자적인 금융 정책을 사용하지 못하기 때문에 어떤 변화에 대해 빨리빨리 움직일 수 없는 문제점도 있어요.

유럽 연합이 우리 경제에 미치는 영향은 어떠할까요? 유럽 연합은 우리나라의 세 번째로 큰 수출 시장으로, 유럽 연합과의 교역이 우리나라 전체 교역의 약 13%를 차지해요. 우리나라는 유럽 연합에 반도체, 무선 통신 기기, 자동차, 컴퓨터, 선박 등을 주로 수출하고 있어요. 또 우리는 이러한 물건들을 만드는 데 필요한 원자재를 유럽 연합의 여러 나라들로부터 수입하고 있지요.

경제가 보이는 퀴즈

1. 다음의 내용은 무엇에 관한 설명일까요? (   )

> 경제적 이해 관계를 지닌 가까운 나라들끼리 뭉쳐서 공정하고 자유로운 무역을 하려고 합니다. 이와 같은 목적으로 서로 힘을 합쳐 하나의 시장을 만들어 더 큰 이익을 도모하려 합니다.

① 경제 통합　　② 통화 통합
③ 보호 무역　　④ 통제 무역

2. 한·칠레 FTA, 한·미 FTA, 한·중·일 FTA는 다음의 어떤 것과 가장 관계가 깊을까요? (   )

① 국제 연합　　② 국제 연맹
③ 경제 통합　　④ 통제 무역

3. 유럽 연합의 회원국이 아닌 나라는 다음 중 어디일까요? (   )

① 영국
② 프랑스
③ 스웨덴
④ 벨기에

정답 1.① 2.③ 3.①

7
환경을 생각하며 경제를 발전시켜요

지속 가능한 성장 우리는 편리하고 풍요로운 삶을 원해요. 그래서 도로를 닦고, 공장을 짓고, 많은 물건을 만들어 내지요. 경제가 발전할수록 사람들의 생활은 편리하고 빨라져요. 그만큼 우리 환경도 빠르게 파괴되어 가고 있어요. 울창하던 나무숲이 사라지고 귀여운 동물들과 물고기가 점점 살 곳을 잃고 있어요. 이대로 계속 시간이 흐른다면 지구는 어떻게 될까요? 우리의 후손들도 지구에서 즐겁게 살 수 있을까요?

너구리 사장의 깨달음

옛날 아름다운 동물 나라에 여러 동물들이 살고 있었어요. 너구리는 나무를 베어서 동물들의 보금자리 짓기 사업을 했어요.

"너구리 아저씨, 우리 가족들이 지낼 나무 집을 지어 주세요."

너구리는 동물 가족들의 집을 많이 지어 주었어요. 물론 돈도 많이 벌었지요. 너구리의 회사 경영과 뛰어난 집 짓기 기술은 순식간에 동물 마을 전체에 알려졌어요. 너구리 사장은 더 많은 동물들의 집을 지어 주고 큰 부자가 되었어요. 그러자 너구리 사장의 욕심은 점점 더 커졌어요. 너구리 사장은 돈을 더 많이 벌기 위해서 계속 나무를 베고 아름다운 꽃과 풀들을 꺾어서 집을 짓는 데 사용했어요.

너구리 회사에서 일하는 다람쥐는 걱정이 되었어요.

'계속 나무를 베어 버리면, 우리 마을이 황폐해질 텐데.'

참다못한 다람쥐는 너구리 사장에게 말했어요.

"사장님, 이제 나무와 꽃을 조금만 베는 대신 오래되어 살지 않는 집의 나무를 재활용하는 게 어떨까요? 이렇게 계속 나무를 베기만

하면 마을의 공기도 나빠지고, 큰 비라도 내리면 산사태나 홍수가 날 것 같아요."

다람쥐의 말에 너구리 사장은 화를 내며 다람쥐를 해고했어요.

동물 마을의 자연환경은 빠르게 훼손되어 갔어요. 다람쥐는 다급한 생각이 들어 생태계 보호국 원장인 호랑이를 찾아갔어요.

"호랑이 원장님, 너구리 사장이 계속 나무를 베면 우리 마을은 금방 황폐해질 거예요. 나무를 베지 못하도록 막아 주세요."

다람쥐의 말을 들은 호랑이는 너구리 사장에게 가서 말했어요.

"너구리 사장, 앞으로 계속 나무를 베면 가만두지 않겠소. 이제 나무를 그만 베도록 하시오."

너구리 사장은 내키지 않았지만 알았다고 말한 뒤 곰곰이 생각해 보았어요.

'나무를 베지 않으면 집 짓기 사업을 중단해야 할 텐데……. 어떻게 하면 좋을까? 아하, 다람쥐 말대로 나무를 재활용하고 집을 새로 짓기보다는 수리를 하는 게 좋겠군. 그럼 회사도 망하지 않고 자연도 보호하게 될 테니까.'

너구리 사장은 회사의 경영 방침을 바꾸었어요. 다람쥐도 다시 회사로 불렀어요. 너구리 사장은 재활용한 나무로 집을 수리해 주면서 짭짤한 수익을 챙겼어요. 동물 마을은 다시 예전처럼 아름답고 푸른 숲, 깨끗한 물, 맑은 공기가 가득 찬 마을로 바뀌었어요.

경제 이야기 | 지속 가능한 성장이란?

너구리 사장이 늦게나마 크게 뉘우치고 재활용 전략을 적극 추진해서 다행이에요. 만약 너구리 사장이 자기 회사의 이윤만을 쫓아 계속 나무를 베어 버렸다면 동물들은 모두 크게 불행해졌을 거예요.

우리 속담에 "임도 보고 뽕도 딴다"는 말이 있어요. 한 가지 일에서 두 가지 이상의 이익을 본다는 뜻이니 일의 효과가 크다는 말이지요. 실제 경제에서도 이러한 예가 있을까요? 환경적으로 건전하고 지속 가능한 개발을 들 수 있어요. '지속 가능한 성장'이란 경제와 환경이 서로 도움을 주고받아야 한다는 뜻이에요. 진정한 경제 성장은 환경 보전과 함께 이루어지는 것이 바람직하며, 장기적으로는 자연환경 자원을 보호하는 것이 뒷받침될 때 경제 성장도 가능하다는 것이지요.

1987년 이 용어를 처음 사용한 세계 환경 개발 위원회는 '미래 세대의 욕구를 충족시킬 능력을 손상시키지 않으면서 우리 세대의 욕구를 충족시키는 개발'을 지속 가능한 개발이라고 했어요. 즉 인간의 기본 욕구를 충족하기 위해 경제 개발을 할 때에는 생태계가 수용할 수 있는 정도 안에서 개발을 추진하자는 이야기지요. 또한 생활 수준이 나아지는 것만이 아니라 삶의 질에도 관심을 기울이고 환경과 경제를 함께 다루어야 한다는 것이에요. 결국 경제 개발과 환경 보전이라는 두 마리 토끼를 모두 잡자는 거예요. 물론 쉽지는 않지요. 자칫하면 한 마리도 못 잡는 수가 있으니까요.

그렇지만 우리 인류는 이 두 마리 토끼를 같이 잡지 않으면 살기 어려운 상황에 놓여 있어요. 오늘날 지구촌 사람들은 중요한 갈림길에 서 있습니다. 풍요로운 생활을 위해 계속 경제 개발을 해 나가야 할까요? 아니면 가난하게 지내더라도 원래대로의 보존을 위해 경제 개발을 중단하는 게 좋을까요? 환경 오염으로 생기는 지구의 고통을 덜면서 경제를 개발해 풍요롭게 사는 방법은 없을까요?

해답이 있긴 있어요. 오늘날에는 경제를 성장시키면서 동시에 환경도 보호할 수 있는 환경 친화적인 경제 개발 전략을 추구하고 있어요. 녹색 생산 전략, 녹색 소비 전략, 녹색 에너지 전략 등이 그 예이지요. 쉽게 말해 소득 수준을 높이면서도 자연을 보호하는 방법이에요. 자연이 자기 스스로 환경 오염 물질을 처리해서 원래 상태에 가깝게 보존할 수 있는 범위 내에서 경제 개발을 해 나가는 것이지요.

예를 들어, 생산에 쓰인 물을 정화해서 다시 사용해 환경 오염과 생산 비용을 줄이고, 에너지의 효율을 높여 나갑니다. 편리한 자동차를 사용하되 환경 오염을 줄이는 매연이 없는 전기 자동차, 수질 오염이 적은 세제, 과대 포장이 안 된 제품 등을 생산하고 소비하는 일도 좋은 예입니다. 재활용 전략도 좋아요. 재활용을 하게 되면 버린 물건을 다시 거두어들여 활용함으로써 환경 오염도 줄이고 자원 고갈 문제도

동시에 해결할 수 있어요. 매몰시킨 쓰레기 더미에서 발생하는 가스를 자원화하는 것도 좋은 시도이지요.

산성비·지구 온난화·수질 및 대기 오염 등의 환경 문제는 사람들이 필요한 것을 생산하고 소비하는 과정에서 생깁니다. 생산 과정에서 발생하는 여러 가지 폐기물은 강물이나 바닷물 등의 물과 공기를 오염시켜요. 소음과 진동은 우리 인간뿐만 아니라 각종 동물과 식물들이 살아가는 데 커다란 불편과 문제점을 만들어요. 또 사용하고 난 물건은 쓰레기가 되어 역시 물과 공기를 오염시키지요.

환경 오염은 그 반응 속도가 매우 느려요. 환경 오염이 심각해진 후에는 원래 상태로 되돌리는 일이 거의 불가능해요. 그리고 환경 문제는 일단 발생하면 다른 지역으로 매우 넓게 퍼지는 특성이 있어요. 옛

소련의 체르노빌 원자력 발전소 사고는 우리나라에까지 영향을 미쳤고, 프랑스 지역의 석탄 광산에서 배출되는 오염 물질이 벨기에와 네덜란드 지방에 살고 있는 물고기를 죽게 만들기도 했답니다.

하나뿐인 지구를 살리면서 경제 수준도 높이기 위해 지금 지구촌 사람들은 머리를 맞대고 여러 가지 방안을 연구하고 있습니다. 여러분은 어떤 아이디어를 가지고 있나요?

세상 속으로 반딧불이, 왜 보기 어려워졌을까요?

　산업화와 도시화가 진행되면서 환경의 변화와 오염이 심각해졌습니다. 그 결과 수많은 생물이 지구에서 사라졌거나 멸종 위기에 처해 있어요. 반딧불이도 그중 하나예요. 반딧불이는 꼬리에서 스스로 빛을 내는 신비한 곤충이에요. 우리나라에서는 천연기념물 제322호로 지정되어 보호받고 있지요. 반딧불이 암컷은 짝을 찾기 위해 빛을 내고, 수컷은 짝을 찾아 사랑을 나눌 때 빛을 내요. 또 자기 몸을 방어할 때나 위험을 알려 줄 때 이 빛을 통신 수단으로 이용하기도 한답니다.
　옛날에는 이 반딧불이를 시골에서 흔하게 볼 수 있었대요. 개똥처럼 흔하다고 개똥벌레라고도 하지만 그 흔하던 개똥벌레, 반딧불이를 최근에는 거의 볼 수 없게 되었어요. 자동차의 매연, 농약, 가정이나

공장에서 버리는 생활 하수나 폐수, 매연 등이 반딧불이가 사라져 가는 원인이랍니다. 공해에 매우 민감한 반딧불이는 주변 환경이 얼마나 깨끗한지를 알려 주는 '환경 지표 곤충'이 되었어요. 반딧불이가 있는 곳은 환경이 오염되지 않았다는 것을 의미합니다.

자연을 개발하는 것은 어쩔 수 없는 일이기도 합니다. 환경을 보호하려고 개발을 막는다면 사람들의 생활이 그만큼 불편해지기 때문이지요. 그러니 자연을 개발하는 것을 무조건 막을 수만은 없어요. 그렇지만 당장 눈앞의 물질적인 풍요만 생각하는 무분별한 개발은 주의해야 해요. 개발로 인한 부작용이 우리의 삶을 위협할 수도 있기 때문이에요.

이집트의 사례를 살펴볼까요? 이집트에서는 나라의 발전을 위해 아스완 댐을 건설했어요. 그런데 댐이 건설되자 생태계가 파괴되어 그 지역에 전염병이 돌고 농사지을 흙이 메말라 버리는 등 심각한 문제점을 낳았답니다.

이런 예를 다시 만들지 않기 위해 경제 개발은 자연이 오염되지 않도록, 자연의 훼손을 최소화하는 방안을 고민하면서 진행되어야만 해요. 이미 파괴된 지구를 살리는 일은 우리가 욕심을 줄이고 절약하는 생활을 실천하는 것에서부터 시작할 수 있어요. 쓰레기를 줄이고, 재활용을 생활화하고, 집안 조명을 조금만 낮추고, 한여름에는 에어컨 사용을 약간만 줄여도 지구를 살리는 일에 동참할 수 있습니다.

경제가 보이는 퀴즈

1. 다음의 내용은 무엇을 설명한 것일까요? ( )

> 경제와 환경은 서로를 도와주며 발전하는 관계예요. 진정한 경제 성장은 환경 보전과 함께 이루어지는 것이 바람직하며, 장기적으로는 환경 자원을 보호하는 것이 뒷받침될 때 경제 성장도 가능합니다.

① 지속 가능한 성장　　② 개발 중심의 성장
③ 성장 중심의 성장　　④ 자연 보호

2. 지속 가능한 성장을 위해 우리가 할 일은 다음 중 어느 것일까요? ( )

① 샴푸·린스·락스 같은 합성 세제를 많이 사용한다.
② 공장에서 폐수를 정화하지 않고 버린다.
③ 음식물 쓰레기, 못 쓰는 전자 제품·가구 등은 편리한 대로 버린다.
④ 친환경 운동을 생활화한다.

3. 지속 가능한 성장과 가장 가까운 것은 다음 중 어느 것일까요? ( )

① 경제 성장　　② 경제 개발
③ 녹색 성장　　④ 환경 오염

정답 1.① 2.④ 3.③

지구 온난화 세계의 기후가 이상해지고 있어요. 빙하가 녹아 바닷물의 높이가 점점 더 올라가고, 가뭄이나 홍수가 잦아지고, 한참 추워야 할 겨울이 점점 따뜻해지고 있어요. 바로 지구가 계속 따뜻해지고 있기 때문이에요. 이대로 가면 어떤 큰 문제가 생기는지 함께 알아보아요.

북극곰이 살 곳이 사라지고 있어요

궁금이는 텔레비전 뉴스에서 북극곰의 서식지가 점점 사라지고 있다는 소식을 듣고 깜짝 놀랐어요. 동물을 좋아하는 궁금이는 북극곰들이 걱정이 되었어요.

"아빠, 북극곰의 서식지가 점점 사라지고 있대요."

"그래, 지구 온난화 때문이라지."

"지구 온난화라면 지구의 온도가 자꾸 상승하는 것이지요?"

"맞아. 이산화탄소 같은 온실가스가 배출되어서 지구의 온도가 높아지는 거지. 이산화탄소 중 대부분은 우리 인간들이 만들어 낸 거란다. 지구 온도가 계속 높아지면 얼음이 녹아 북극곰이 살 수 있는 곳은 점점 줄어들지. 또 환경이 변화되어 비가 적게 내리는 지역은 더욱더 비가 오지 않고, 다른 지역은 반대로 홍수나 물난리로 고생하게 된단다."

"이런, 단순히 북극곰의 터전만 사라지는 게 아니네요."

"그렇지. 지금은 이를 해결하기 위해 다들 노력하고 있단다."

"휴, 다행이다. 그럼 어떤 노력을 시작했나요?"

"세계의 여러 나라들이 지구 온난화 방지를 위해 1992년 브라질 리우데자네이루에서 온실가스 배출을 규제하는 협약을 맺기로 했단다. 우리나라도 1993년 12월에 47번째로 가입했지."

"와, 우리나라도 지구 온난화 방지를 위해 노력하고 있었군요!"

아빠는 궁금이의 똘망똘망한 눈을 보며 기특해했습니다.

"벌써 15차례 정도 회의가 열렸는데 선진국과 개발도상국들 사이에 의견이 조금씩 엇갈리고 있단다. 나라별로 능력에 따라 온실가스를 줄이는 의무량이 다른데, 선진국들이 온실가스를 조금만 줄이겠

다고 하고, 개발도상국들은 선진국이 의무를 더 많이 지라고 주장한단다."

"왜들 그러지요? 같이 줄여 나가야지요!"

"그건 바로 경제의 원리가 숨어 있기 때문이지. 온실가스 감축량 목표를 늘릴수록 기업과 국가 경쟁력이 떨어질 가능성이 높아진단다. 왜냐하면 기업과 국가가 온실가스를 줄이기 위해 비용을 투자해야 하니 말이다. 이때 들어가는 비용은 고스란히 제품 값을 올리게 되니 경쟁력이 떨어지고 말지."

"이런, 정말 복잡한 문제네요. 같이 힘을 합치면 좋을 텐데……."

"서로의 이익이 달려 있으니 쉽게 답을 찾기가 어려운 문제지."

"그럼 우리부터 실천해요. 우리가 할 수 있는 일은 없나요?"

"허허, 기특하구나. 쓰지 않는 불 끄기, 수돗물 절약, 안 쓰는 전기 플러그 뽑기, 대중교통 이용하기, 쓰레기 줄이기 등부터 하면 되지. 우리 같이 노력해서 북극곰이 편히 살 수 있도록 해 보자꾸나."

아빠와 궁금이는 손가락을 꼭 걸고 활짝 웃었어요.

| 경제 이야기 | 지구 온난화를 막는 노력은?

여러분도 궁금이처럼 지구 온난화에 대해서 알고 있을 거예요. '지구 온난화'란 지구의 온도가 높아져서 따뜻해지는 현상이에요. 지구의 온도가 왜 높아지냐고요? 온실가스가 점점 더 많아지기 때문이에요. 온실가스는 온실의 유리나 비닐이 온실 안의 기온을 높이는 효과를 내는 것처럼 지구 표면의 온도를 일정하게 유지해 주는 물질들이에요. 이산화탄소, 메탄가스, 이산화질소 등이지요. 그런데 이 온실가스가 필요한 것보다 많아지게 되면 지구의 온도도 점점 더 올라가게 돼요. 우리 생활에서 석탄 같은 화석 연료의 사용이 증가하고, 이산화탄소를 빨아들이는 열대 우림이 급속히 줄어들고, 프레온 가스를 많이 사용하게 되면서 온실가스가 점점 더 많이 배출되고 있답니다.

지구 온난화가 되는 가장 중요한 원인은 산업화라고 할 수 있어요. 인류가 주로 농사를 지으며 살았을 때에는 자동차나 공장, 발전소 등이 거의 없었기 때문에 지금에 비해 연료를 아주 적게 사용했지요. 그래서 연료가 배출한 온실가스를 지구 스스로 깨끗하게 되돌릴 수 있었기 때문에 전혀 문제가 없었어요. 그러다 1700년대 후반 영국을 중심으로 산업 혁명이 일어나면서 공장들이 엄청나게 세워지고 자동차가 많아지면서, 석탄·석유 등 화석 연료의 사용이 급격하게 늘어났어요. 그 결과 산업화 이전에 비해 이산화탄소는 25%, 이산화질소는 19%, 메탄가스는 100%나 증가했어요.

과학자들은 100년 전에 비해 지구의 평균 기온이 0.6℃ 정도 상승했다고 말합니다. 지금처럼 온실가스가 배출된다면 2030년경에는 지구의 평균 기온이 1.5℃에서 4.5℃까지 올라가고, 바다 수면도 60센티미터 정도 높아질 것으로 예상하고 있어요. 바다의 높이가 높아지면 우리가 사용하는 땅이 그만큼 사라지게 되지요. 또 홍수나 가뭄, 급격한 기온 변화로 많은 피해를 입게 되고 지진, 해일, 화산 폭발, 지구의 사막화, 생태계의 파괴 등 심각한 자연 재해가 일어나게 되지요.

지구 온난화를 해결할 수 있는 방법은 없을까요? 지구 온난화를 일으키는 오염 물질은 이산화탄소, 프레온 가스, 메탄가스, 질소 산화물 순이에요. 이 중 프레온 가스는 오존층 파괴의 주범으로 현재는 사용을 규제하고 있기 때문에 이 비율은 점차 감소될 거라고 보고 있어요. 질소 산화물은 생태계의 질소 순환에 중요한 역할을 담당하기 때문에 이를 인위적으로 감축하는 것은 그리 현명한 방법은 아니라고 해요. 결국 메탄가스와 이산화탄소를 줄이는 일이 제일 좋은 방법이지요. 메탄가스는 가축이 트림할 때 생기는 양이 상당한데, 트림 중의 메탄가스를 줄이는 사료가 개발되어 도움을 주고 있어요.

이제 남은 이산화탄소를 줄이는 일이 가장 어려워요. 우리도 숨을 쉴 때 이산화탄소를 내뿜고 있지만, 그렇다고 숨을 쉬지 않을 수는 없는 노릇이잖아요. 다행히 우리가 내뱉는 이산화탄소의 양은 아주 조금이라 문제가 되지 않아요. 문제는 석유 가스를 사용할 때 생기는 이산화탄소예요. 그러나 이를 줄인다는 것은 정말 어려워요. 농업이든, 공업이든 거의 모든 산업에서 석유 가스를 사용하고 있기 때문이지요. 제일 좋은 방법은 석유 사용량을 점점 줄여 나가고, 석유를 대신할 수 있는 태양열이나 풍력 같은 새로운 대체 에너지를 개발해서 사용하는 것이에요.

그리고 무엇보다 지구촌 가족 모두가 에너지와 자원을 절약하는 일이 중요해요. 여름에 덥다고 너무 에어컨에만 의존하거나 겨울에 춥다고 난방기를 지나치게 틀면 안 되겠지요? 수돗물 절약, 대중교통 이용하기, 쓰레기 양 줄이기 같은 작은 일들을 실천하는 것이 하나뿐인 지구를 살리는 데 매우 중요하다는 사실을 기억합시다.

세상 속으로 지구 온난화 방지를 위한 노력들

지구 온난화에 대해 각 나라들은 어떤 노력들을 하고 있는지 알아볼까요? 1997년 일본 교토 컨퍼런스에 참석한 111개 나라 중 84개 나라가 지구 온난화를 막기 위한 제안에 찬성했어요. 이른바 '교토 의정서'가 만들어지고, 2005년 2월부터 그 효력이 발휘되었답니다. 이 회의에서는 온실가스 감소와 관련된 3대 정책으로, 국가별로 부과된 온실가스 배출량을 서로 사고팔 수 있는 '배출권 거래 제도', 한 국가가 다른 국가에 투자해 오염 배출량을 감소시키면 그 감소분을 자기 나라의 감축분으로 인정해 주는 '공동 이행 제도', 선진국이 개발 도상국에 투자하여 감축한 온실가스의 일정량을 그 나라의 실적으로 인정해 주는 '청정 개발 제도'를 정했습니다.

한편 친환경 탄소산업은 탄소를 소재로 하는 산업이에요. 탄소산업은 우주항공과 태양전지 등 고부가가치 제품 생산에 활용하는 산업이에요. 탄소섬유, 인조흑연, 활성탄소, 탄소나노튜브(CNT), 그래핀, 카본블랙 등 6개로 나뉘는 탄소소재는 다양한 분야에서 활용될 수 있기 때문에 '미래의 쌀'로 불려요. 글로벌 시장 규모는 2020년 355조원에서 오는 2030년에는 1000조원을 넘어설 꿈의 신소재산업이에요. 이렇게 빨리 탄소 시장이 커진 것은 선진국의 기업들이 비용이 많이 드는 온실가스 감소 프로젝트나 청정 에너지를 개발하기 위해 투자하기보다는 상대적으로 비용이 저렴한 탄소 배출권을 사는 일에 투자하고 있기 때문이에요. 선진국들의 좀 더 적극적인 노력이 필요하지요.

교토 의정서 같은 국제적인 노력 이외에도 많은 기업과 개인들이 온실가스를 줄이려고 노력하고 있어요. 메탄가스 배출을 막기 위해 소들의 방귀를 줄이는 사료 개발, 나무 심기 운동, 옥상 정원 가꾸기 등 각계각층 사람들이 지구를 살리기 위해 나서고 있지요. 최근에는 지구 온난화 방지를 위해 고래의 배설물을 찾아다니는 사람들도 생겼다고 해요. 고래의 배설물에는 철 성분이 아주 많은데, 철은 바다의 식물성 플랑크톤이 자라는 데 중요한 성분이에요. 이산화탄소를 흡수하는 역할을 하는 데는 식물이 최고예요. 그런데 식물성 플랑크톤도 식물처럼 광합성을 하며 이산화탄소를 빨아들이기 때문에 식물성 플랑크톤이 많아진다면 나무가 늘어나는 것과 같은 이치가 되지요.

우리나라의 경우도 재활용품의 확대, 에너지 절약을 실천하기 위해 여러 기업들이 노력하고 있어요. 이들 기업들은 환경을 생각하는 경영이 기업의 가치를 높이는 동시에 환경과 경제를 한꺼번에 살리는 길이라고 믿고 있답니다.

경제가 보이는 퀴즈

1. 지구 온난화에 대한 설명 중 바르지 못한 것은? (   )

    ① 온실 효과의 결과로 지구의 평균 대기 온도가 상승하는 현상이다.
    ② 온실가스에는 이산화탄소, 프레온 가스, 메탄가스 등이 있다.
    ③ 지구의 온도가 상승하면 얼음이 녹아 해수면이 상승한다.
    ④ 지진, 해일, 화산 폭발, 지구의 사막화는 지구 온난화와는 관계가 없다.

2. 온실 효과를 가져오는 원인이 아닌 것은 다음 중 어느 것일까요? (   )

    ① 프레온 가스의 사용 감소
    ② 열대 우림의 파괴
    ③ 농업·공업 등 각종 산업 활동의 확대
    ④ 화석 연료의 사용 증가

3. 지구 온난화를 해결하기 위한 방법들 중 바르지 못한 것은 다음 중 어느 것일까요? (   )

    ① 대체 에너지 개발
    ② 승용차 많이 이용하기
    ③ 수돗물 절약하기
    ④ 여름철 에어컨 사용과 겨울철 난방기 사용 줄이기

정답 1.④ 2.① 3.②

9
인터넷 세상에서 사고팔아요

인터넷과 전자 상거래 예전에 사람들은 필요한 물건을 사기 위해 반드시 시장이나 백화점 등에 나가야 했어요. 그러나 요즈음은 집을 나서지 않고서도 내가 원하는 것을 거의 모두 살 수 있지요. 여러분도 인터넷으로 쇼핑을 해 본 경험이 있을 거예요. 인터넷 세상을 통한 경제 활동은 과연 어디까지 가능한 것일까요?

말발굽도 인터넷으로

　히힝이는 얼룩이와 매일 같이 초원을 뛰어놀며 즐거운 나날을 보냈습니다. 그런데 어느 날 히힝이네 가족이 아프리카를 떠나 한국의 동물원으로 이사를 갔습니다. 히힝이와 얼룩이는 멀리 떨어져 지내는 동안에도 인터넷을 통해 서로 연락을 주고받았지요. 얼룩이는 사진으로 본 히힝이네 새 집이 왠지 답답해 보였어요. 하지만 부러운 것이 딱 하나 있었습니다. 바로 히힝이의 신발이었어요.

　"히힝아, 너 그 신발은 어디서 난 거야?"

　"아, 이거? 이건 말발굽이라고 하는 건데, 우리 동물원 관장님이 사 주셨어!"

　"우아, 정말? 나도 갖고 싶다."

　"그치? 이거 끼고 다니면 발바닥도 덜 아프고 훨씬 잘 달릴 수 있어! 말발굽을 가지고 싶으면 너도 동물원으로 와야 할걸?"

　얼룩이는 말발굽이 정말 갖고 싶었지만 답답해 보이는 동물원에는 가고 싶지 않았어요. 그래도 말발굽을 끼고 세렝게티 초원을 시원하게 달리고 싶은데 무슨 좋은 방법이 없을까 고민했지요.

그때 강가에서 물놀이를 하던 포동이 아저씨가 얼룩이에게 인사했습니다.

"얼룩이 오랜만이네? 무슨 고민 있니? 표정이 안 좋구나."

"사실은 한국 동물원으로 이사 간 히힝이가 말발굽을 끼고 있는데 너무 갖고 싶어요."

"하나 사면 되지."

"하지만 이 아프리카 초원에서 어떻게 말발굽을 살 수 있겠어요?"

"얼룩아, 너 아직 전자 상거래를 모르는구나."

"전자 상거래요?"

"그래. 전자 상거래란 인터넷이나 통신으로 다른 사람들과 거래를 하는 거란다. 그렇게 되면 판매자와 소비자가 직접 만나서 거래를 할 필요가 없지. 거리가 아무리 멀어도 물건을 주문하고 받을 수 있단다."

"정말요? 그런 것이 있었다니, 지금 당장 이용해 봐야겠어요."

"근데 얼룩아 잠깐만! 전자 상거래는 편리한 반면에 소비자와 판매자가 직접 만나지 못한다는 것을 이용해서 나쁜 짓을 하는 사람들도 있단다. 그러니 판매하는 사람이 믿을 만한 사람인지 확인하고 물건을 사는 게 중요해."

"아, 그렇군요. 아저씨 덕분에 많은 걸 알게 되었어요."

"그래, 얼룩아. 아무쪼록 좋은 말발굽을 구입해서 멋진 모습으로 초원을 달리려무나."

얼룩이는 곧 인터넷으로 말발굽을 구입했어요. 말발굽을 단 얼룩이는 아프리카 초원을 가장 빨리 달리는 얼룩말이 되었답니다.

경제 이야기 전자 상거래란?

 이제 동물들도 인터넷 쇼핑을 하는 시대가 온 건가요? 물론 사실은 아니지만 그만큼 전자 상거래는 이제 우리 생활 깊숙이 들어와 있습니다. '전자 상거래'는 생산자·중개인·소비자가 디지털 통신망을 이용하여 재화와 서비스를 사고파는 것이지요. 인터넷을 이용한 쇼핑, 통신을 이용한 홈 쇼핑 등이 모두 전자 상거래의 예랍니다. 전자 상거래는 소비자가 생산자와 직접 거래를 할 수 있어 값이 싸고 시간도 절약될 뿐만 아니라 세계의 어느 곳에서도 이용이 가능하기 때문에 매우 편리해요.

게다가 전자 상거래로 물건만 사고파는 것이 아니에요. 인터넷을 통한 원거리 교육, 멀리 떨어진 곳에 있는 사람과의 화상 회의, 화상 의료 서비스, 무료 국제 통화 등 인터넷 세상에서 누릴 수 있는 서비스는 점점 더 확대되고 있어요.

전자 상거래가 이렇게 발전하게 된 것은 누구나 인터넷을 쉽게 이용할 수 있게 된 덕분이에요. 인터넷은 시간과 공간의 제약 없이 거의 실시간으로 정보를 제공받을 수 있고, 중간에 어떤 통제 기구도 없어 정보를 쉽고 빠르게 교환할 수 있지요.

처음 전자 상거래가 시작되었을 때 사람들은 물건에 대해 의심을 많이 했어요. 물건 값이 너무 쌌기 때문이었어요. "할인점보다 싸게 파는 이유는 뭐지? 혹시 물건이 잘못된 것은 아닐까?" 하고 많이들 색안경을 끼고 보았지요. 하지만 이제는 전자 상거래의 특징을 모두 잘 알기 때문에 이러한 우려는 줄어든 편이에요. 그래도 여전히 문제는 남아 있어요. 아무래도 직접 물건을 보지 못하고 구입해야 하므로 나쁜 마음을 먹은 사람들이 사기를 치는 경우도 있고, 구입한 물건의 품질이 기대했던 것과 다른 경우도 있지요. 이러한 문제점을 해결하기 위해서는 인터넷 소비자를 보호할 수 있는 제도적인 장치가 마련되어야 해요. 또 가상 공간을 이용하는 생산자와 소비자도 모두 사이버 공간에서의 윤리와 예절을 지켜야 하겠지요.

세상 속으로 책도 과일도 채소도 인터넷으로 주문해요

이제 전자 상거래는 우리 생활의 일부로 완전히 자리 잡았어요. 수백만 원대 오토바이, 수천만 원대 자동차와 리모델링 서비스, 1억 원이 넘는 집…. 눈으로 보지 않으면 사기 힘들 것 같은 상품들까지 온라인 쇼핑을 통해 구입하는 사람이 늘었어요. 이는 소비자들의 쇼핑 방식이 오프라인에서 온라인으로 폭넓게 옮겨가고 있다는 뜻이에요. 최근에는 코로나19 감염을 우려하는 이들이 비대면 쇼핑을 선호하면서 온라인쇼핑 시장이 급성장해 업계가 또다시 재편될 수 있다는 전망이 불거졌어요.

산업통상자원부에 따르면 2020년 3월 오프라인 유통업체 매출은 전년 동월보다 17.6% 감소했지만 온라인은 16.9% 증가했어요. 코로나19가 본격적으로 확산되기 시작한 2월에도 오프라인 매출은 지난해보다 7.5% 감소했지만 온라인은 34.3% 늘었어요. 2013년 38조 원이던 국내 이커머스 시장 규모는 2018년 100조 원을 넘었고, 2020년 161조 원을 넘었으며, 2년 후인 2022년에는 200조 원 이상 확대될 전망이에요. 그럼에도 미국의 아마존이나 중국의 알리바바 같은 강자가 없어 이를 노리고 뛰어드는 업체가 많아요. 최근엔 대형 IT 기업과 오프라인 유통업체까지 뛰어들어 더 치열한 경쟁이 예고됐어요.

최근 온라인 시장에서 매우 활기를 띠며 성과를 나타내는 곳은 거대 플랫폼과 이용자를 갖고 있는 네이버와 카카오예요. 앞으로도 네이버와 카카오는 거대 플랫폼과 대규모 이용자를 앞세워 쇼핑과 간편 결제 사업을 확대하고, 맞춤형 금융상품 등 자신들만 내놓을 수 있는 상품 도입에 주력할 것으로 보여요. 대형 오프라인 유통기업도 무게 중심을 온라인으로 옮기고 있는 것도 이와 같은 이유 때문이라고 할 수 있어요. 우리 생활의 일부로 완전히 자리 잡았어요.

실제로 우리 생활에서 전자 상거래가 이루어지고 있는 쇼핑몰들을 살펴볼까요? 10여 년 전만 해도 책을 구입하기 위해서는 무조건 서점에 직접 나가야 했어요. 하지만 요즈음에는 많은 사람들이 인터넷 서점을 이용하고 있어요. 시내에 있는 대형 서점들의 경우에도 오프라인 매장과 함께 인터넷상에 온라인 매장을 같이 운영하고 있지요. 예스24나 알라딘, 인터파크 같은 인터넷 서점들처럼 오직 인터넷에서만 물건을 살 수 있는 곳도 많아요.

또 이제는 그날 저녁 반찬거리를 장만하기 위해 슈퍼마켓이나 시장, 백화점 등에 직접 나가지 않아도 돼요. 대형 마트나 백화점, 대형 슈퍼마켓 등이 거의 대부분 온라인 쇼핑몰을 함께 운영하고 있기 때문이지요. 이들 쇼핑몰에서는 고객이 인터넷으로 물건을 골라 주문을 하면 그날 바로 집으로 배달해 줍니다. 그 덕분에 고객은 시간 낭비를 줄이고 무겁게 물건을 직접 들고 가야 하는 불편함도 덜 수 있어요.

어디 그뿐일까요? 인터넷 쇼핑은 지방화 시대를 맞아 더욱 확산되고 있답니다. 누구나 손쉽게 인터넷을 사용하게 되면서 이제 각 지방에서 나는 곡식, 과일, 채소 같은 특산물들을 판매자에게서 직접 사 먹을 수 있게 되었지요. 농부, 어부들이 쇼핑몰을 운영하여 자신들이 직접 가꾸고 잡은 것들을 판매하는 사이트들이 큰 인기를 끌고 있어요. 이럴 경우 중간 유통 단계를 거치지 않고 직접 판매자가 판매하기 때문에 판매자는 조금 더 높은 수익을 얻고, 고객들은 조금 더 싼 가격에 싱싱한 농산물과 수산물 등을 먹을 수 있답니다. 인터넷 공간은 이제 정보를 제공하고 서로 소통하는 공간만이 아니라 경제 활동의 공간으로도 거듭나고 있답니다.

경제가 보이는 퀴즈

1. 다음은 무엇에 대한 설명일까요? (   )

> 서로 떨어져 있는 두 개 이상의 개체 사이에서 어떤 정보를 주고받는 행위로, 여러 가지 컴퓨터 네트워크들을 서로 연결하는 것을 말합니다.

① 전자 상거래　　　② 컴퓨터
③ 인터넷　　　　　④ 홈 쇼핑

2. 생산자, 중개인, 소비자가 디지털 통신망을 이용하여 서로 거래하는 시장을 무엇이라고 할까요? (   )

① 상품 시장　　　　② 전자 상거래 시장
③ 화폐 시장　　　　④ 실물 시장

3. 전자 상거래에 대한 설명 중 바르지 못한 것은 다음 중 어느 것일까요? (   )

① 전자 상거래에서는 옷, 신발, 전자 제품과 같은 실물만 거래된다.
② 인터넷이 보편화·대중화되면서 전자 상거래는 활발해졌다.
③ 전자 상거래로 이루어지는 경제 활동을 디지털 경제라고 한다.
④ 전자 상거래에는 소비자와 공급자뿐만 아니라, 금융 기관·정부 기관·운송 기관 등과의 관련 행위도 포함된다.

정답: 1.③ 2.② 3.①

쏙쏙! 경제 용어

개발도상국

개발도상국은 선진국에 비해서 산업의 근대화와 경제 개발이 뒤떨어진 나라를 일컫습니다. 주로 제2차 세계 대전 후에 독립한 아시아, 아프리카, 중남미의 국가들이 이에 속합니다. 개발도상국을 줄여 개도국이라고도 하고, 발전 도상국이라고도 부릅니다.

경상 수지

경상 수지는 외국과 실물을 거래하여 생긴 수입에서 지출을 뺀 금액을 말합니다. 상품 수출입 결과인 상품 수지, 여행 등 서비스 거래 결과인 서비스 수지, 노동과 자본의 이용 대가의 결과인 소득 수지, 무상 원조나 교포 송금 등의 결과인 경상 이전 수지로 구분할 수 있습니다.

경제 통합

가까운 위치에 있는 여러 나라가 함께 뭉쳐 하나의 시장을 만드는 것을 말합니다. 경제 통합으로 특정한 지역 내에 있는 나라들이 하나의 경제권을 형성하게 되면, 그 나라들 간에는 무역 장벽이 감소하여 자유롭게 무역을 할 수 있게 됩니다. 유럽 연합(EU), 북미 자유 무역 협정(NAFTA) 등이 대표적인 예입니다.

국제 수지

한 나라가 일정 기간 동안 다른 나라와 거래를 하면 상품의 수출입, 해외여행과 같은 재화나 서비스를 주고받는 금액에 차이가 발생하는데, 이것을 국제 수지라고 합니다. 외국에서 들어온 돈이 나간 돈보다 많으면 국제 수지는 흑자이고, 반대의 경우에는 국제 수지가 적자가 됩니다. 국제 수지는 경상 수지와 자본 수지로 나뉩니다.

무역 장벽

무역을 하는 나라들은 각 나라의 경제적인 여건이나 사회적 상황 등에 따라 자유 무역에 대하여 제한을 합니다. 이러한 제한을 무역 장벽이라고 하는데, 관세를 통제하는 '관세 무역 장벽'

과 수출 자율 규제 같은 '비관세 무역 장벽'으로 구분할 수 있습니다.

보호 무역

국가는 자기 나라 산업이 다른 나라 산업과 경쟁할 수 있도록 여러 가지 보호 정책을 사용합니다. 외국 무역에 보호 관세를 부과하거나 외국 상품의 수입을 억제하기도 하여 국내 산업을 보호하고 육성하려고 합니다.

비교 우위

어떤 재화나 서비스를 만들어 낼 때 다른 개인이나 기업 또는 국가보다 적은 비용과 노력으로 만들 수 있어 더 유리한 위치에 있는 것을 말합니다.

세계 무역 기구(WTO)

WTO(World Trade Organization)는 1995년 출범하여 세계 경제 질서를 규율해 가고 있는 국제기구입니다. 제네바에 본부가 있으며, 국제 무역을 원활하고 자유롭게 하기 위해 무역 협상을 주선하거나 무역 분쟁을 조정하기도 합니다. 또 회원국들이 무역 협정을 잘 지키는지도 감독합니다.

외환 시장

각 나라의 돈이 거래되는 시장, 즉 외환 거래가 이루어지는 장소를 말합니다.

자본 수지

한 나라가 돈을 빌리거나 빌려 오는 거래에서 생기는 들어오거나 나간 돈을 기록한 것을 말합니다. 즉 정부, 기업, 금융 기관 등이 외국에서 돈을 빌리거나 반대로 외국에 돈을 빌려 줌으로써 생긴 외화의 차이를 나타냅니다.

자유 무역

기업이 다른 나라에 물건을 팔고 사는 것을 나라에서 간섭하지 않고 기업의 자유에 맡기는 무역 형태를 말합니다. 무역 거래에 대해서 수량적인 제한이나 관세, 수출 보조금 등을 폐지하고 자유롭게 수출입을 하도록 허용합니다. 하지만 실제로는 대부분의 국가들이 어느 정도 무역을 통제, 관리하여 자국의 산업을 보호하고 있습니다.

자유 무역 협정(FTA)

FTA(Free Trade Agreement)는 국가 간 무역을 제약하는 무역 장벽을 느슨하게 하거나 아예 없애 버림으로써 자유 무역을 활성화하려는 무역 협정입니다. 하지만 FTA로 피해를 보는 사람들이 있기 때문에 반대하는 목소리가 나오기도 합니다.

전자 상거래

디지털 통신망, 즉 인터넷 등을 통해서 재화와 서비스를 사고파는 것을 말합니다. 전자 상거래는 가상 공간에서 이루어지는 거래이지만 개인적인 거래뿐 아니라 국가 간의 무역까지도 가능합니다. 전자 상거래를 통하면 매장에 직접 가지 않고 인터넷 등으로 구매할 수 있기 때문에 시간과 공간의 제약을 받지 않습니다.

지구 온난화

지구의 온도가 높아져서 따뜻해지는 현상입니다. 지구 온난화는 이산화탄소, 메탄가스, 이산화질소 등과 같은 온실가스에 의한 온실 효과가 지나쳐 지구의 평균 대기 온도가 상승하기 때문에 나타납니다.

탄소 배출권

선진국이 개발도상국에 가서 온실가스 감축 사업(청정 개발 체제, CDM)을 하면 유엔에서 이를 심사하고 평가해 탄소 배출권을 부여해 줍니다. 이 탄소 배출권은 시장에서 거래를 할 수도 있습니다. 2009년에는 탄소 배출권 1톤당 13유로의 가격에 거래가 됐습니다.

환율

자기 나라의 돈과 외국의 돈, 즉 서로 다른 두 나라의 돈을 바꿀 때의 비율입니다.

찾아보기

ㄱ

개발 도상국	87
경상 수지	37, 40
경상 수지 적자	41
경상 수지 흑자	40
경제 통합	67
공동 이행 제도	92
관세 동맹	68
관세 장벽	26
교토 의정서	93
국산 영화 의무 상영 제도	27
국제 분업	15
국제 수지	37
국제 수지 적자	37
국제 수지 흑자	37
국제 수지표	39
규모의 경제	71
기술 규제	26
긴급 관세	27

ㄷ

다국적 기업	57
디지털 통신망	99

ㅁ

무역	16, 18, 29, 41, 48, 68
무역 마찰	41
무역 분쟁	29
무역 장벽	25, 31, 57, 67

ㅂ

반덤핑 관세	27
배출권 거래 제도	92
보복 관세	27, 30
보호 관세	26
보호 무역	28, 31
보호 정책	25
북미 자유 무역 협정(NAFTA)	31, 68
비관세 장벽	26
비교 우위의 원리	17

ㅅ

산업 혁명	16, 89
상계 관세	27
생산자	27, 99
세계 공정 무역 기구(WFTO)	17
세계 무역 기구(WTO)	17
세계 환경 개발 위원회	77
소비자	99, 101
수입	17, 26, 37, 40, 49, 51, 60, 67
수입 할당제	26
수출	15, 27, 31, 37, 40, 48, 50, 70
수출 금지 조치	28
수출 장려금 제도	27
수출 장벽	31

수출 지역의 다변화 56
스크린 쿼터제 27

ㅇ

오프라인 매장 102
온라인 매장 102
온실가스 89, 92
외환 시장 49
월드컵 경제 59
유럽 연합(EU) 47, 68, 70
유럽 중앙은행(ECB) 71
유로 47, 68, 71
인터넷 99, 102

ㅈ

자본 수지 37
자유 무역 15, 69
자유 무역 협정(FTA) 31, 68
재정 관세 26
전자 상거래 99, 101
중개인 99
지구 온난화 58, 79, 89, 92
지구촌 경제 57
지속 가능한 성장 77

ㅊ

청정 개발 제도 92

ㅌ

탄소 배출권 93
특화 17

ㅎ

환경 규제 26
환경 보전 77
환율 30, 40, 47, 50, 71

『생각학교 초등 경제 교과서』와 초등학교 사회 교과서 연계표

1권 | 시장 경제 보이지 않는 손이 마술을 부려요

1장 | 희소성과 선택 다 가질 수는 없어요
2장 | 합리적 소비 만족은 크게, 후회는 적게
3장 | 절약과 저축 알뜰한 우리 집을 만들어요
4장 | 소비자 주권 소비자는 왕이에요
5장 | 수요 가격이 내리면 많이 사요
6장 | 공급 비싸게 많이 팔고 싶어요
7장 | 수요의 가격 탄력성
　　　가격 변동에 따라 수요량이 변해요
8장 | 시장과 경쟁 더 나은 발전을 위해 경쟁해요
9장 | 가격 보이지 않는 손의 마술

2권 | 기업과 기업가 정신 우리 사회를 발전시켜요

1장 | 생산 물건과 서비스를 만들어요
2장 | 생산성 적은 비용으로 큰 성과를 거두어요
3장 | 기업 언제나 이익을 추구해요
4장 | 분업과 전문화 일을 나누어 효율을 높여요
5장 | 기업가 정신 도전하고 모험해요
6장 | 장인 정신 한 가지 일에 몰두해요
7장 | 브랜드와 광고 제품의 가치를 높여요
8장 | 경제 성장과 기술 진보 생활의 질이 높아져요
9장 | 신용 신용을 지켜요

3권 | 돈의 흐름 돈은 어디로 갈까

1장 | 교환 서로 바꾸어 써요
2장 | 화폐 돌고 돌아 돈이에요
3장 | 자본 모든 일에는 종잣돈이 필요해요
4장 | 주식회사 주식을 가지면 회사의 주인이 돼요
5장 | 투자 미래의 이익을 기대해요
6장 | 금융 기관 돈을 빌릴 때 찾아가요
7장 | 한국은행 은행들의 은행이에요
8장 | 인플레이션과 디플레이션
　　　돈의 가치와 물가가 오르락내리락해요
9장 | 보험 나쁜 일을 미리 대비해요

4권 | 정부의 경제 활동 우리 경제를 위해 노력해요

1장 | 국내 총생산(GDP) 나라 경제의 규모를 알 수 있어요
2장 | 재정 나라도 살림을 해요
3장 | 세금 나라에 돈을 내요
4장 | 사회 보장 제도 요람에서 무덤까지 지켜 주어요
5장 | 사회 간접 자본 경제 활동을 위해 꼭 필요해요
6장 | 절약의 역설 무조건 아끼는 것이 정답은 아니에요
7장 | 시장의 실패 시장도 해결하지 못하는 것이 있어요
8장 | 정부의 실패 작지만 효율적인 정부가 필요해요
9장 | 실업 일자리가 필요해요

5권 | 지구촌 경제 꼬리에 꼬리를 물어요

1장 | 자유 무역 자유롭게 서로 사고팔아요
2장 | 보호 무역 자기 나라의 산업을 보호해요
3장 | 국제 수지 다른 나라와 거래해 돈을 주고받아요
4장 | 환율 외국 돈과 우리 돈을 바꾸는 비율이에요
5장 | 지구촌 경제 세계 경제는 밀접히 연관되어 있어요
6장 | 경제 통합 함께 힘을 모아 경쟁해요
7장 | 지속 가능한 성장
　　　환경을 생각하며 경제를 발전시켜요
8장 | 지구 온난화 지구가 점점 따뜻해져요
9장 | 인터넷과 전자 상거래 인터넷 세상에서 사고팔아요

학년	단원영역	내용요소	『생각학교 초등 경제 교과서』에서는?
3학년	1학기 2단원 우리가 알아보는 고장 이야기 1학기 3단원 교통과 통신 수단의 변화	고장의 생활 모습·무형 문화유산·교통과 통신 수단의 변화·시설·직업신	② 기업과 기업가 정신 - 6장 장인 정신 ④ 정부의 경제 활동 - 5장 사회 간접 자본 ⑤ 지구촌 경제 - 9장 인터넷과 전자 상거래
	2학기 1단원 환경에 따라 다른 삶의 모습 2학기 2단원 시대마다 다른 삶의 모습	농사·도로·항구·용수·염전·수확·고장 사람들이 하는 일·의식주·생활 도구·농사 도구	① 시장경제 - 5장 수요 / 6장 공급 ② 기업과 기업가 정신 - 1장 생산 / 2장 생산성 / 4장 분업과 전문화 / 8장 경제 성장과 기술 진보 ④ 정부의 경제 활동 - 5장 사회간접 자본
4학년	1학기 1단원 지역의 위치와 특성 2학기 1단원 촌락과 도시의 생활 모습 2학기 2단원 필요한 것의 생산과 교환 2학기 3단원 사회 변화와 문화의 다양성	중심지·교통·산업·상업·관광 농업·어업·임업·서비스업·일자리·일손 부족·교류·특산품·관광 산업·상호 의존·경제 활동·선택의 문제·자원의 희소성·생산 활동·소비·시장·상품·생산지·원산지·경제적 교류·저출산·고령화·정보화·세계화	① 시장경제 - 1장 희소성과 선택 / 2장 합리적 소비 / 3장 절약과 저축 / 4장 소비자 주권 / 5장 수요 / 6장 공급 / 7장 수요의 가격 탄력성 / 8장 시장과 경쟁 / 9장 가격 ② 기업과 기업가 정신 - 1장 생산 / 2장 생산성 / 장 기업 / 4장 분업과 전문화 / 7장 브랜드와 광고 ③ 돈의 흐름 - 1장 교환 / 2장 화폐 / 3장 자본 / 6장 금융 기관 / 7장 한국은행 ⑤ 지구촌 경제 - 1장 자유무역 / 6장 경제 통합 / 9장 인터넷과 전자 상거래
5학년	1학기 1단원 국토와 우리 생활 1학기 2단원 인권 존중과 정의로운 사회	산업화·공업 도시·수공업·중화학 공업·첨단 산업·물류 산업·교통과 산업·일자리·사회 보장 제도·식품위생법·저작권법·납세의 의무·근로의 의무	① 시장경제 - 4장 소비자 주권 ② 기업과 기업가 정신 - 8장 경제 성장과 기술 진보 ④ 정부의 경제 활동 - 2장 재정 / 3장 세금 / 4장 사회 보장 제도 / 5장 사회 간접 자본 / 9장 실업
	2학기 1단원 옛사람들의 삶과 문화 2학기 2단원 사회의 새로운 변화와 오늘날의 우리	교역·기술 교류·농업·실학·상공업·통상	② 기업과 기업가 정신 - 1장 생산 / 2장 생산성 / 6장 장인 정신 / 8장 경제 성장과 기술 진보 / 9장 신용 ⑤ 지구촌 경제 - 1장 자유무역
6학년	1학기 2단원 우리나라의 경제 발전	가계·기업·합리적 선택·생산·소비·경제 활동·비용·이윤·소득·시장·자유와 경쟁·경제 체제·경제 성장·경제 정의·수출·수입·무역·산업·국내 총생산·한류·경제적 양극화·경제 안정·경제 교류·자본·기술·원산지·생산지·경제생활·국가 간 경쟁·상호 의존성	① 시장경제 - 1장 희소성과 선택 / 2장 합리적 소비 / 4장 소비자 주권 / 5장 수요 / 6장 공급 / 8장 시장과 경쟁 / 7장 수요의 가격 탄력성 / 9장 가격 ② 기업과 기업가 정신 - 1장 생산 / 2장 생산성 / 3장 기업 / 5장 기업가 정신 / 7장 브랜드와 광고 / 9장 신용 ③ 돈의 흐름 - 1장 교환 / 2장 화폐 / 3장 자본 / 4장 주식회사 / 5장 투자 / 8장 인플레이션과 디플레이션 / 9장 보험 ④ 정부의 경제 활동 - 1장 국내 총생산(GDP) / 2장 재정 / 3장 세금 / 4장 사회 보장 제도 / 5장 사회간접 자본 / 6장 절약의 역설 / 7장 시장의 실패 / 8장 정부의 실패 / 9장 실업 ⑤ 지구촌 경제 - 1장 자유무역 / 2장 보호 무역 / 3장 국제 수지 / 4장 환율 / 5장 지구촌 경제 / 9장 인터넷과 전자 상거래
	2학기 1단원 세계 여러 나라의 자연과 문화	산업·생활 모습·상호 의존 관계·경제 교류·경제 협력	② 기업과 기업가 정신 - 1장 생산
	2학기 2단원 통일 한국의 미래와 지구촌의 평화	자원·기술력·남북 경제 교류·지구촌 환경 문제·친환경적 생산과 소비	⑤ 지구촌 경제 - 1장 자유무역 / 5장 지구촌 경제 / 6장 경제 통합 / 7장 지속 가능한 성장 / 8장 지구 온난화

사진출처
셔터스톡 www.shutterstock.com
creative commons creativecommons.org
한국저작권위원회 자유이용사이트 freeuse.copyright.or.kr